Police

Amal Bentounsi, Antonin Bernanos,
Julien Coupat, David Dufresne,
Eric Hazan, Frédéric Lordon

La fabrique
éditions

ISBN : 978-235872-202-5

La Fabrique éditions
64, rue Rébeval
75019 Paris
lafabrique@lafabrique.fr
www.lafabrique.fr
Diffusion : Les Belles Lettres

Police

Sommaire

L'arme des désarmés
par David Dufresne — 7

***Engrenages*, fiction policière**
par Julien Coupat — 37

« La police avec nous ! »
par Eric Hazan — 53

Les méchants
par Amal Bentounsi — 61

Fascisme, police et contradiction
par Antonin Bernanos — 83

Quelle « violence légitime » ?
par Frédéric Lordon — 107

Biographies — 123

L'arme des désarmés

par David Dufresne

L'homme est à terre, *I can't breathe*, il pisse de peur, une flaque s'étend, *I can't breathe* encore, un policier le maintient au sol, face contre terre, genou sur la mort qui vient, l'homme est noir, l'inhumain est blanc, et Darnella Frazier a 17 ans. C'est elle qu'on entend sur la vidéo, avec des passants, pendant que George Flyod agonise à Minneapolis, ce 25 mai 2020 ; c'est elle, Darnella, qui est en train de changer le monde, parce qu'elle a peur, parce qu'elle est en colère, et qu'elle est courageuse, parce qu'elle a fait comme tout le monde, désormais : elle a dégainé l'arme des désarmés, son téléphone portable.

La juvénile Darnella Frazier est comme Juvénal dans ses *Satires* :

Quis custodiet ipsos custodes ?
« Mais qui gardera ces gardiens ? »

Darnella Frazier surveille les surveillants, elle filme durant 8 minutes et 46 secondes, comme George Holliday, plombier de son état, sortit sa

Sony Handycam flambant neuve le 3 mars 1991, à Los Angeles, pendant 9 minutes et 20 secondes. Depuis son balcon, Holliday inventa un genre, ou presque : le *copwatching* (né en réalité un an plus tôt, plus au nord, à Berkeley, sur Telegraph Avenue la bien nommée, mais c'est bien lui, Holliday, et Rodney King, tabassé sous ses yeux par une patrouille du LAPD, qui propulsèrent la tendance à la face du monde[1]).

*
* *

Procès-verbal D11

Ministère de l'Intérieur
Inspection générale de la police nationale Paris

L'an deux mille dix-huit
Le Dix décembre à Dix heures

Objet : Exploitation vidéo mise en ligne par HZ Press le 1er décembre 2018

Nous, Nicolas A.,
Capitaine de police,

---

1. En France, sous la pression des syndicats, le ministre de l'Intérieur fera fermer le premier site du genre, en 2011.

Étant au service,
Exploitant ladite vidéo,

– La vidéo est prise dès le début depuis l'angle de la rue de Wagram et de la rue de TilsitT, angle opposé au Burger King

– Constatons que le Burger King est allumé

– Le mobilier présent ne semble pas dégradé [...]

– Remarquons le CRS UN, avec son bouclier dans sa main gauche, donner quatre coups de matraque sur L'INDIVIDU UN qui est dos contre sol, et deux jambes levées contre le CRS UN [...]

– Le CRS UN s'éloigne, constatons que l'INDIVIDU UN est sur le côté, toujours allongé porteur d'un gilet jaune, et les deux mains devant lui, paumes à l'avant

– Le CRS UN s'approche et assène successivement trois nouveaux coups de Matraque sur le haut du corps [...]

– Au temps 00:33 l'objectif pivote et filme l'intérieur du Burger King, constatons la présence au sol de deux individus

– L'INDIVIDU UN allongé sur le dos, jambes pliées

– L'INDIVIDU DEUX allongé en position chien de fusil [...]

– Un nouveau fonctionnaire que nous appellerons CRS 4 sur lequel le sigle 1C est inscrit dans son dos assène un coup de matraque à l'INDIVIDU DEUX pendant qu'un nouveau CRS nommé CRS 5 donne

un coup de pied au niveau du haut du corps de l'INDIVIDU DEUX

– L'INDIVIDU DEUX se relève et alors qu'il est assis au sol reçoit un coup de matraque du CRS 5 au niveau de la tête

– L'INDIVIDU DEUX s'éloigne toujours assis au sol et semble recevoir un nouveau coup de matraque, la zone d'impact ne peut être visualisée, d'autres CRS étant présents devant

– Alors qu'il est au sol, et qu'il semble avoir les mains sur la tête, l'INDIVIDU DEUX reçoit concomitamment deux coups de matraque, un du CRS 5 et d'un CRS nommé 6

– Alors que le CRS 5 s'éloigne, le CRS 6 assène un coup de matraque sur l'INDIVIDU DEUX qui s'est glissé alors qu'il est toujours au sol contre le mur jusqu'au centre de l'établissement

– Le CRS 6 s'éloigne, l'INDIVIDU DEUX se relève, constatons alors qu'il est porteur d'un bonnet noir, il se dirige vers la sortie

– Deux CRS, dont le CRS 6, indiquent avec leur bras droit la direction de la sortie

*
* *

Des deux côtés de l'Atlantique, comme à Hong Kong, et désormais partout, ce sont les mêmes automatismes, un même mouvement de fond : le contrôle de police de… la police. Là-bas, une logique de «*police accountability*» (qui, de ses coups, doit rendre des comptes); et sur nos rives, un paragraphe au détour de 1789 :

> *Déclaration des Droits de l'Homme et du Citoyen*
>
> «Art. 12. – La garantie des droits de l'Homme et du Citoyen nécessite une force publique:
> cette force est donc instituée pour l'avantage de tous,
> et non pour l'utilité particulière de ceux auxquels elle est confiée.»

Tout est écrit là, en huit lettres: *publique*. En dernier ressort, ce qui pourrait distinguer la police d'une milice, c'est bien ce marbre – auquel la République revient sans cesse –, ce sont bien ces huit lettres: son caractère public, *par* et *pour* le peuple, ni *contre* ni *sans* lui.

L'existence de la police, peut-être même ce qui lui reste de légitimité, c'est sa soumission à une exigence de publicité, c'est d'être sous le regard de tous et de chacun, des Darnella Frazier, George Holliday, Nicolas Mercier, vidéaste de l'assaut policier du Burger King, acte III des Gilets jaunes, images brutales d'une brutalité policière totale, et qui feront le tour du monde; ou des Gaspard Glanz, Stéphanie Roy, Taha Bouhafs

— ce dernier, témoin-caméra d'Alexandre Benalla frappant des manifestants, à Paris, place de la Contrescarpe, le 1er mai 2018, images qui feront le tour de la question d'un maintien de l'ordre prétendument *à la française* devenu en roue libre.

Résumons l'« affaire Benalla », tant elle concentre toutes les alertes : un proche du président de la République, chargé de sa sécurité mais sans aucune habilitation, ni expérience, ni formation au contrôle des foules, parade dans les rues de Paris en tenue de faux policier, le brassard en passe-droit, tabasse à qui mieux mieux et jouit, pour l'heure, d'une impunité assurée. En un mot, il incarne une « benallisation » du maintien de l'ordre, tout à la fois pleinement illégitime et pleinement illégal, confirmation de manœuvres féroces en application depuis Sivens, Notre-Dame-des-Landes, Nuit Debout, la loi travail, et annonciateur de ce qui va se durcir salement, six mois plus tard, à une échelle jamais vue sur le sol métropolitain depuis cinquante ans, à Paris, Rennes, Nantes, Toulouse, Bordeaux, Strasbourg, Lyon, Marseille, Quimper, le Puy-en-Velay, partout, partout, avec les Gilets jaunes.

En un sens, le retour de la sur-brutalisation en manifestations respecte la tradition : dès la création de la police « moderne » sous Louis XIV, avec la lieutenance de Paris (ancêtre de l'actuelle préfecture de police), sa finalité est de défendre le pouvoir en place. La Monarchie, la République, bientôt l'Empire, le roi de nouveau, la République encore, puis Vichy, puis de nouveau la République. C'est une constance : la police française (qui est nationale, définitivement depuis Pétain, en 1941) défend les intérêts et les institutions du régime en place, quels que soient ses atours. Il ne faut pas s'y tromper : quand la police s'affiche *police républicaine*, elle dit avant tout qu'elle est *police*. Quant à la République, si elle veut être perçue comme *chose publique*, elle se doit impérativement d'être exemplaire — donc : de se plier au contrôle.

Jusqu'ici tout allait bien, comme dans un film fameux. L'inspection générale de la police nationale ou l'inspection générale de la gendarmerie nationale amusaient galerie et journalistes, et l'impunité s'organisait cahin-caha à l'abri des regards – et des mémoires. On exhibait quelques (rares) condamnations, pour lâcher la pression de la cocotte-minute, en s'assurant que le bouclier tenait toujours. Pendant longtemps, ce fut parole contre parole ; l'une policière et officielle, d'autorité ; l'autre, citoyenne, officieuse – et suspecte. La première gagnait, la seconde s'essoufflait, et les experts judiciaires finissaient toujours par applaudir les premiers.

Sauf que.

Soudain, tout bascule. La technologie triomphe là où le droit avait échoué (jusqu'ici) à servir la recherche de la transparence et l'assurance de l'égalité des armes devant les cours de justice. Subitement, l'iPhone débarque, et son œil électronique élargit les contours du champ de bataille (pour la vérité).

*

* *

Dans les années 2000, un professeur canadien avait proposé le terme *sousveillance*. Steve Mann jetait dans ce concept les bases de ce qui se joue dans la Go-Proïsation du monde aujourd'hui : l'enregistrement d'une activité du point de vue d'une personne qui y est impliquée – surf ou barricade, le geste est idem, c'est la finalité du filmage qui change la vague. Dans le cas de la *sousveillance* policière, on peut désigner le geste comme une forme de *surveillance inverse*, de *panoptique inversé* – certains parlent de *veille distribuée*[1].

---

1. « La sousveillance est un dépassement de la surveillance en ce qu'elle est légère, discrète, immatérielle et omniprésente. Le "sous" de sousveillance en désigne le côté plus insidieux, l'action de quelque chose qui travaille "par en dessous" », Dominique Quessada, « De la sousveillance », *Multitudes*, mars 2010.

Avec la généralisation des portables, on dira : vidéos verticales contre verticalité du pouvoir ; pixels contre policiers ; YouTube *versus* matraques, RT contre JT. Non seulement le quidam filme, mais il diffuse, sans jamais demander l'autorisation à quiconque. Toutes ces captations exportent hors de la rue les « certaines manières de police » (Maurice Grimaud, préfet de police de Paris, onze jours avant sa fameuse lettre de mai 1968). La caméra de poche accomplit un renversement de perspective. Jusqu'à son irruption, les images de la répression étaient massivement tournées du point de vue de la police, par des cameramen embarqués et protégés, en quelque sorte, *par la police* (début 2020, le publiciste Jacques Séguéla eut la gratitude de demander l'inverse, sur CNews : « plus que jamais, les médias doivent protéger la police »).

Un siècle durant, le spectateur va recevoir le pavé, chez Pathé Actualités, comme en 1968, comme en 1986, comme en 2005 (par les émeutes des quartiers parvinrent toutefois les premières images amateur, tournées côté rue, c'est ainsi que le cinéaste Ladj Ly, de Montfermeil, ville mitoyenne de Clichy-sous-Bois, fit ses premières armes, ses *Misérables* en étant à la fois le souvenir et la projection).

Avec le smartphone, le spectateur se met *aussi* à recevoir les tirs de LBD, et les coups de matraque, et les grenades lacrymogènes, et les insultes — et ce retournement bouleverse les perceptions : le spectateur assiste enfin à la scène complète, et il peut ressentir *concrètement* les détonations et les mutilations produites par les armes classées armes de guerre dans le code même de Sécurité intérieure (parmi elles, l'explosive grenade GLI-F4, et les lanceurs de balles de défense). Ce qui survient dans la rue advient sur les écrans multipliés.

Le choc des récits peut sonner.

*
* *

Procès-verbal D44

Ministère de l'Intérieur
Inspection générale de la police nationale Paris

L'an deux mille dix-neuf
Le Vingt Mars à Seize heures

Objet : Exploitation conférence CRS

Nous, Nicolas A.,
Capitaine de police,

Étant au service

– sommes destinataire des échanges radio de la conférence DIR de la CRS 43 et de la conférence 60 Lutèce 92 pour la journée du 1er décembre 2018, entre 18 h 15 et 19 h 30

– La conférence 60 Lutèce 92 est la conférence utilisée entre les commandants de compagnie et le groupement opérationnel CRS

– fichier C1R06761

– « À toutes les unités sur le plateau, il ne doit rester sur le plateau de l'Étoile que du personnel en tenue de MO [maintien de l'ordre], le reste, vous me le dégagez, je ne veux plus un seul civil habillé avec du jaune ou sans jaune, donc ON EST PAS LÀ POUR FAIRE UN ÉLEVAGE DE CANARIS, vous me les refoulez et vous les mettez au-delà des barrages »

*

* *

Cas d'école, à l'échelle d'un pays et d'une année, de cette *sousveillance* (à la monsieur Jourdain, il faut le reconnaître : on ne naît pas sousveillant, bien souvent on le devient naturellement, par la nécéssité des circonstances) : le mouvement des Gilets jaunes et son accumulation de châtiments corporels. Vingt-cinq éborgnés, cinq mains arrachées, plus d'une centaine de tirs de LBD dans la tête, tous illégaux, et la disparition de Zyneb Redouane, mortellement touchée par un éclat de grenade lacrymogène, à Marseille, le 1er décembre 2018. En quelques semaines, la profusion de témoignages vidéo va rendre totalement *visibles* (mais pas tout à fait *indéniables*, on y reviendra) les brutalités policières[1]. Quand Jérôme Rodrigues est en direct sur son *live* Facebook, place de la Bastille, le 26 janvier 2019, ce n'est pas seulement lui qui reçoit un projectile de LBD à l'œil droit, ce sont tous ses *amis* qui sont touchés, tous ces inconnus qui vont partager, *liker*, *disliker*, commenter, propager l'éborgnement avant même les télévisions : une armée de l'ombre qui rend soudain *publique* l'injustice.

Aux tirs tendus de lacrymogène, aux LBD qui explosent des vies, la foule (primo-manifestante, dans ses grandes largeurs ; ignorante de tout ceci jusqu'alors) va pouvoir comprendre ce qui se trame. De nouveau visée explicitement, comme elle ne l'était plus depuis la « professionnalisation[2] » du maintien de l'ordre, la foule se doit de répondre en miroir : visée, elle se fait visible, et

1. Il est question ici des violences filmables, parties émergées d'un iceberg de violence physique et symbolique fait également de brimades, de palpations, de coups portés à l'abri des caméras, dans les cars de police comme les commissariats, des gardes à vue hors du monde. Encore que certaines captations sonores ont démontré que la *sousveillance* pouvait gagner ces zones à l'écart, comme celle réalisée à l'Île-Saint-Denis, le 26 avril 2020, où l'on entend des policiers dire d'un homme qu'ils interpellent : « Un bicot comme ça, ça nage pas […] ha ha ha, ça coule, tu aurais dû lui accrocher un boulet au pied ».

2. En supplantant les militaires pour le contrôle des manifestations, les policiers vont peu à peu, tout au long du XXe siècle, éviter les tirs tendus sur la foule. Avec l'apparition des armes dites « non létales », la foule va être de nouveau dans le viseur des policiers, faisant resurgir le débat sur la nécessité de faire usage de la force et sa proportionnalité (les deux fontamentaux du genre).

même hyper-visible, elle se montre, se *selfie*, elle se filme, comme à Minneapolis, puisque la police plaque un homme au sol, Darnella Frazier lève son téléphone au monde. Le cortège de gueules cassées sera, en France, le terrible prix du sang d'une répression terrible, qu'on pourrait résumer à grands traits par :

– sa militarisation, en droite ligne des pratiques à l'œuvre dans les quartiers depuis les années 1980 ;

– sa dé-professionnalisation, avec le recours massif à des unités non ou mal formées, non ou mal équipées, type BAC, CSI, troupes de commissariats propulsées soldats de la répression ;

– sa désinhibition devant l'usage d'armes dites non létales, artillerie faussement légère, peu tueuse, terriblement marquante[1] ;

– sa judiciarisation inégalée, avec un nombre exponentiel de gardes à vue, notamment dites préventives, véritables détournements de procédure à la *Minority Report* ;

– sa politisation assumée, avec un discours martial si net que les consignes n'avaient pas besoin de l'être : allocutions régulières de Macron, annonces coups de menton de Matignon, briefings hebdomadaires de Beauvau – l'ensemble

---

1. Cf. *Gazer, mutiler, soumettre* de Paul Rocher, Paris, La Fabrique, 2020.

signant la mainmise du politique sur sa police, comme si l'État cherchait à faire savoir que pour *diriger* le pays, il n'emploie (plus) que la force.

*
* *

« La contre-information n'est effective que lorsqu'elle devient un acte de résistance. »
Gilles Deleuze[1]

*
* *

Peu à peu, un pan du pays découvre ce qu'un ban (lieu) éprouve depuis longtemps : la violence légale de la police (qui se discute) s'est en bonne partie effacée au profit de l'illégitime (qui se combat), au point de voir ses agents jouir de leur propre puissance, et de leur propre spectacle (« Voilà une classe qui se tient sage » lancé par un policier qui filme et interpelle simultanément, à 151 lycéens de Mantes-la-Jolie, agenouillés et entravés, le 6 décembre 2018, comme une adresse à une partie de la jeunesse).

Documentées, attestées, les vidéos, même parcellaires, constituent dès lors un enjeu *narratif*

---

1. « Qu'est-ce que l'acte de création ? », conférence donnée dans le cadre des mardi de la fondation Femis, Paris, 17 mai 1987.

considérable pour la police, pour les manifestants, comme pour ceux qui les rapportent (les vidéastes et photographes se muant au fil des mois en cibles des forces de l'ordre, au point que même la timorée organisation Reporters sans frontières s'en fera l'écho dans le secret du bureau d'Emmanuel Macron). La *camérisation* du monde est une « révolution », un « outil essentiel de transparence », un « changement radical » jusque dans les « méthodes de travail des rapporteurs de l'ONU[1] ». D'une certaine manière, l'unité d'action (les manifestations des Gilets jaunes), l'unité de temps (chaque acte, chaque samedi), et l'unité de lieu (place du Capitole à Toulouse, place Pey-Berland à Bordeaux, croisée des trams à Nantes, Champs-Élysées à Paris) vont faciliter le travail, essentiel, de recoupement. Car pour que le déluge de contre-information devienne deleuzien, *résistant* et efficace, il faut *organiser* la documentation, la rendre lisible, listée et sourcée, la data-visualiser[2].

La profusion des images fera leur poids.

Leur empilement, leur sens.

Leur globalité, leur valeur.

---

1. Michel Forst, rapporteur spécial des Nations unies, dans *Un pays qui se tient sage* (documentaire de l'auteur, septembre 2020).

2. Sur Facebook, ce sera *Le Mur Jaune*, tout un tas de groupes de sousveillance policière. Sur le web, le site de Désarmons-les, Nantes Révoltée, La Mule du Pape à Montpellier, Lille Insurgée, tant d'autres. Ailleurs, les collectifs comme l'Assemblée des Blessés ou les Mutilés pour l'exemple. Sur Twitter, « Allô place Beauvau ».

Leur répétition, l'évidence d'une violence policière mécanique, répétée, systémique.

De quoi dire, et redire – de quoi *faire campagne*.

Avec l'épouvantable décès du livreur Cédric Chouviat[1], la conscience de la férocité des tenants de l'ordre public franchit un palier : elle se mue en preuve tangible. Cédric Chouviat, père de cinq enfants, blanc, salarié dans l'entreprise familiale, ancien agent de joueurs de foot, est malgré lui une victime expiatoire. Un corps auquel un pays peut s'identifier, contrôlé pour un défaut de conduite, plaqué au sol, la clé d'étranglement, les jambes qui convulsent (ses derniers mots, comme dans le Minnesota, « Je peux pas respirer, je peux pas respirer »). Mort parce que lui-même filmait son contrôle routier ; mort bien que des passants aient eu, eux aussi, ce désormais-réflexe de filmer l'ordre et de le faire suffisamment dans la longueur pour que chacun puisse ressentir la pression, l'asphyxie, les gestes fatals des policiers. Sitôt diffusées, leurs images vont contrecarrer la fable du « malaise cardiaque » vendue au départ par l'autorité et contraindre le ministre de l'Intérieur à partager l'« émotion nationale » — qu'en aurait-il été sans les .mov ?

---

1. Paris, le 3 janvier 2020.
Instruction judiciaire en cours.

*
* *

« Il faut bien avoir à l'esprit que, ces derniers mois, une minorité bruyante a mis en cause, parfois systématiquement, parfois gratuitement, les forces de l'ordre. »
Laurent Nuñez, secrétaire d'État auprès du ministre de l'Intérieur, Sénat, 10 octobre 2019

*
* *

Le champ de bataille (des images, et des discours) a ceci de redoutable qu'il est relativement limpide. Sur les hauteurs, le pouvoir politique, qui nie et organise la négation (une police des polices lente, incapable, complice dans des proportions insoupçonnées du grand public[1]), soutenu par la myopie des médias dominants. Le silence des seconds facilitant le mensonge des premiers[2], dans

---

1. Comme quand elle conclut, après un violent coup de matraque porté à la nuque d'une manifestante pacifique : « Le policier explique que votre vitesse de marche allait vous laisser derrière le nouveau barrage qu'il essayait d'établir, ce qui était dangereux ; pour vous repousser, il a donc fait le choix d'utiliser son bâton souple et, en raison du port de votre sac à dos, a essayé de vous frapper à l'épaule pour vous faire partir mais vous a touchée à la tête », Rapport IGPN, 13 novembre 2019.

2. « Ne parlez pas de répression ou de violences policières, ces mots sont inacceptables dans un État de droit », Emmanuel Macron, Gréoux-les-Bains, 8 mars 2019.

un pas de danse impeccable, où communiqué vaut information ; parole officielle, démenti triomphant ; quand ministres et machine audiovisuelle s'adonnent *grosso modo* au tango des « éléments de langage », du « storytelling » et des « séquences » — tout en feignant de ne pas les emboîter.

Effet de sidération, univers et visions partagés d'un même monde, entre journalistes, Exécutif et exécuteurs, un esprit de corps opère sans qu'il y ait besoin de pressions, ni même de consignes. On baigne insidieusement dans l'accompagnement du pouvoir[1], quitte à invoquer des lois qui n'existent pas[2]. Rapidement, le combat des images alternatives bute sur un point : « Qui a la plus grande force de frappe pour imposer ses images ? Le rouleau compresseur du gouvernement ou les tacticiens du retournement de l'asymétrie ? » (Alain Damasio[3])

Rude en effet est la bataille : elle est d'usure et de stigmatisation (arrestation de vidéastes,

---

1. Le journaliste Frédéric Ploquin : « Le problème étant qu'effectivement sur le long terme… Ça fait tous 20, 30 ans qu'on fait ce métier… il y a des gens qu'on connaît très bien. Et donc, on aurait la tentation de devenir amis. Donc voilà, après, à chacun de gérer ses amitiés », France 5, 1er avril 2016.

2. « Il y a des règles qui font qu'on n'a pas le droit de montrer à la télévision des violences physiques sur une personne », Bruce Toussaint, BFM TV, 9 décembre 2018.

3. Alain Damasio, écrivain, dans *Un pays qui se tient sage* (documentaire de l'auteur, septembre 2020).

effacement de cartes mémoire, téléphones matraqués, campagne anti-« journalistes militants », acharnement contre quelques sociologues, jugés ingrats et qui se verront perdre quelque poste dans quelque école de police, sans compter les trolls en escadrilles, 24 heures sur 24, qui harcèlent, diffament, piègent). Même les condamnations de la France par les instances européennes[1], pourtant peu suspectes de gauchisme, sont tournées en ridicule (« blessure narcissique de la France », avance Michel Forst, rapporteur des Nations unies[2]).

*

* *

« De retour à Beauvau, dès le lendemain, un samedi, “rien ne nous remonte dans de bonnes conditions”, soupire Christophe Castaner. “Le dimanche matin, on a l'info que des gamins sont

---

1. Le 14 février 2019, 438 eurodéputés s'alarment (par un vote visant la France, sans la citer) du « recours à des interventions violentes et disproportionnées par les autorités publiques lors de protestations et de manifestations pacifiques ». Le 26 février 2019, le Conseil de l'Europe demande à la France de « suspendre l'usage du LBD dans le cadre des opérations de maintien de l'ordre » afin de « mieux respecter les droits de l'Homme ». Le 6 mars 2019, l'ONU réclame une enquête sur « l'usage excessif de la force » lors de la répression des manifestations Gilets jaunes.

2. Michel Forst, rapporteur spécial des Nations unies, dans *Un pays qui se tient sage*, documentaire cité.

tombés à l'eau mais pas d'info sur les disparus. Puis, moi, je vois sur les réseaux la vidéo de l'intervention et je l'envoie sur la boucle du Cabinet en disant : "c'est quoi ce truc ?" et ce n'est que dans la soirée qu'on nous a dit : "il y a un jeune qui a disparu". »
Christophe Castaner, ministre de l'Intérieur, à propos de la mort de Steve Maia Caniço, survenue à Nantes, lors de la Fête de la musique, le 21 juin 2019, après une charge de police[1].

*
* *

Historiquement, la police est présente sur Facebook depuis 2012, à la grande époque des apéros géants et sauvages, organisés via la plateforme. La même année, @PoliceNationale s'installe discrètement sur Twitter. En 2015, c'est le big-bang : la petite muette décide de « valoriser la marque Police nationale[2] ». Le Service d'information et de communication de la police nationale (Sicop) se met à racoler à la sortie des écoles de journalisme, dont certains satellites vont jusqu'à exhorter Beauvau à « un rééquilibrage des points de vue [sur les réseaux sociaux] qui permettrait

1. *Le Kéké de la République* de Pauline Théveniaud et Jérémy Marot, Plon, février 2020.

2. Un ancien membre du Sicop, entretien avec l'auteur, 4 juin 2020, Paris.

d'éviter de sombrer dans une paranoïa anti-flics[1] ». On recrute des reporters-images sur LinkedIn, il faut porter la riposte, vaine tentative d'un retournement-du-retournement-de-l'asymétrie. Depuis début 2019, chaque matin, sous les mansardes du ministère, au 6e étage du 9-15 de la rue des Saussaies, on s'affaire à dresser l'activité des comptes Twitter sous monitoring serré et la liste des vidéos virales. En haut lieu, dit-on, ça grince : « Nous sommes face à une armée invisible et non structurée, où tout le monde filme sur le vif en s'auto-proclamant journaliste ou documentariste[2]. » En cas de *buzz*, la note atterrit sur le bureau du ministre (qui s'agace parfois : « Twitter, ce n'est pas la justice[3] », « la tyrannie des images volées [...] et jetées en pâture sur les réseaux sociaux[4] »).

À la préfecture de police, la stratégie est plus tranchante : on joue à Lallement, camp contre camp, on informe sur Twitter autant qu'on

---

1. Olivier Cimelière, directeur adjoint de ESJ Pro, organisme de formation continue associé à l'École supérieure de journalisme de Lille, « Le blog du communicant », 11 janvier 2020.
2. « Policiers : sur les réseaux sociaux, la guerre des images ne fait que commencer », Christophe Cornevin, *Le Figaro*, 27 janvier 2020.
3. Conférence de presse du ministre de l'Intérieur, Paris, 8 juin 2020.
4. Christophe Castaner, 26 juin 2020, dans un dernier discours désespéré, à l'École nationale de la police avant son limogeage quelques jours plus tard.

trolle, plus ou moins ouvertement[1]. Le plan de contre-attaque a été arrêté fin 2019, après un an de Gilets jaunes. Images de journalistes *free lance* commentées, slogans détournés, sommations quasi annoncées, jusqu'au jour (5 mai 2020) où le *community manager* en fait un peu trop : sur une infographie, il affuble d'une francisque la casquette hors norme du préfet.

En embuscade, certains syndicats de police tirent à vue également et postent à gogo dans une surenchère qui masque mal leur perte d'influence (d'un côté, depuis 2016, ceux-ci sont débordés par la montée en puissance des « policiers en colère » plus ou moins non organisés, plus ou moins proches de l'extrême droite, et propulsés via Facebook ; de l'autre, la cogestion des carrières de leurs adhérents, avec l'autorité de tutelle, c'est fini depuis 2019). Sur la défensive, et sous le flot d'une critique des pratiques policières inégalées, les syndicats de tous

---

1. Ainsi, le 13 juin 2020, pendant la manifestation en hommage à Adama Traoré, la préfecture tweete : « Sales juifs » scandé par les manifestants. Le préfet de police signale ces propos antisémites à la justice. » Amalgame indigne, repris d'une vidéo postée par le journal d'extrême droite *Valeurs actuelles*. Ce n'était pas « les » mais « des » manifestants, voire un seul (non identifié) qui a/ont scandé cette terrible insulte. Les milliers d'autres, nassés toute l'après-midi place de la République, avaient scandé « Pas de justice, pas de paix ». Autre exemple, parmi des dizaines de tweets de la préfecture : « Courage, abnégation et sang-froid des forces de l'ordre qui sont confrontées à l'ultraviolence de groupes hostiles infiltrés dans les manifestations », 12 janvier 2020.

corps (gardiens de la paix, officiers, commissaires) surréagissent et en viennent à demander l'impossible, le sacrifice de la plus grande des libertés : la liberté d'expression. Ils parviennent à faire déposer des projets de loi visant à interdire la diffusion d'images de policiers[1], exigent le retrait d'applications de *copwatching*, comme Urgence violences policières (lire le chapitre d'Amal Bentoussi dans le présent ouvrage), qualifiée de « dangereuse », et vont (un syndicat de commissaires) jusqu'à classer les lanceurs d'alerte jugés « anti-flics » en fonction de leur qualité d'« imposteur », « menteur », « harceleur », « usurpateur », ou « haineux[2] ». Ces prises de position, pour l'heure sans effet sur la loi, révèlent celle dans laquelle se trouvent les

---

1. Projets de loi de Jean-Pierre Grand, en décembre 2019, ou d'Éric Ciotti, du 26 mai 2020, calqués sur La Ley Organica De Seguridad Ciudadana espagnole qui interdit depuis 2015 « l'utilisation non autorisée d'images ou de données personnelles ou professionnelles des autorités ou des membres des forces et corps de sécurité ». En France, la circulaire du ministère de l'Intérieur fait loi : « La liberté d'information, qu'elle soit le fait de la presse ou d'un simple particulier, prime. Les policiers ne peuvent s'opposer à l'enregistrement de leur image lorsqu'ils effectuent une mission. Il est exclu d'interpeller pour cette raison la personne effectuant l'enregistrement, de lui retirer son matériel ou de détruire l'enregistrement ou son support. » Seule exception : ne peuvent être filmés à visage découvert les fonctionnaires des services spécialisés de la Force d'intervention de la police nationale (FIPN) comme le Raid et les Groupes d'intervention de la police nationale (GIPN), et ceux de la lutte contre le terrorisme (DGSI, SAT, SDAT).

2. « Un syndicat français de policiers diffuse une liste de journalistes présentés comme des ennemis de la police nationale », Plateforme pour renforcer la protection du journalisme et la sécurité des journalistes, Conseil de l'Europe, 14 février 2020.

policiers : acculés. Ils voudraient pouvoir se soustraire *officiellement* à l'examen public et, au fond, entériner une anonymisation rampante, avec des agents qui opèrent de plus en plus encagoulées, dissimulent leur visage, camouflent leurs plaques minéralogiques, sans parler des numéros de matricule obligatoires (RIO) invisibles. Une volonté de renforcer leur impunité, qui signe rien d'autre que ça : un glissement autoritaire.

*
* *

« La France est une construction médiatico-policière. »
Graffiti, Grenoble, septembre 2019

*
* *

Dans l'armada de la riposte à la riposte, il faut compter enfin sur les meilleurs journalistes de préfecture (une tradition : au XIXe siècle, on appelait les rapporteurs de récits criminels des « tourneurs » ou des « préfecturiers[1] »). Volant au

1. Guillaume Le Saulnier, « De policier à communicant dans la police nationale : les conditions sociales d'une conversion improbable », *Communication & professionnalisation*, Université de Louvain, février 2019.

secours de leurs sources (c'est leur droit, et leur militantisme après tout), l'encre des PV d'audition à peine sèche, ces journalistes-police semblent ne pas vouloir saisir que le monde a changé, que la circulation de l'information ne passe plus *nécessairement* par leurs cercles, et qu'ils achèvent leur propre décrédibilisation. Dans un geste de désespoir, certains rubricards vont jusqu'à poster sur leurs comptes personnels, dès potron-minet, les exploits nocturnes de leurs honorables correspondants (telle saisie, telle arrestation, telle « belle affaire »), alignements pathétiques dignes des chiens écrasés de la presse locale d'antan.

Exception notable, avec quelques titres de la presse Web indépendante : lors du mouvement des Gilets jaunes, les rubriques type Checknews ou Décodeurs seront plus rapides à traiter des violences policières que leurs rédactions papier. Pour une bonne raison : ces services ont les yeux rivés sur les réseaux sociaux. Cruelle clairvoyance qui souligne la cécité des rédactions « nobles ». Et quand, *in fine*, le gouvernement infléchit un tantinet son discours, mais pas ses ordres, la télévision se sent enfin autorisée à cesser ses floutages de gueule. En janvier 2020, l'un des deux JT majeurs diffuse une vidéo de violences policières devant un haut responsable politique, en plateau. Mais à dire vrai, la télé ne montre rien ou trois fois rien : un croche-pied (d'un policier à une manifestante, qui se relève). Tour de passe-passe génial et grossier à la fois, ce croche-patte euphémise la violence policière, tout en feignant de la montrer, pour mieux permettre au ministre de l'Intérieur de nuancer à son tour (« C'est l'honneur de la police qui est en jeu, on ne fait pas de croche-pied à l'éthique, sauf à s'abaisser, à abaisser la police[1] »). Consciente de la supercherie, la victime se tiendra à l'écart des micros. Reste que le croc-en-jambe revêt un avantage : tout le monde le *comprend*, tout le monde saisit, dans son caractère parfaitement mesquin et enfantin, sa charge symbolique. Celle d'une police qui prend la rue pour *sa* cour de récréation.

*
* *

« Je parle des hommes et des femmes qui vont travailler tous les matins en banlieue et qui se font massacrer pour nulle autre raison que leur couleur de peau, c'est un fait. Il y a des milliers de personnes qui ne se sentent pas en sécurité face à un flic, et j'en fais partie. »
Camélia Jordana, 23 mai 2020, France 2

*
* *

---

1. Christophe Castaner, présentation de ses vœux à la police nationale, 13 janvier 2020.

Proche est le triomphe (temporaire, fragile et provisoire) « des médias faibles sur les médias forts[1] », une victoire à la Pyrrhus, où les médias *mainstream* font payer au tarif élevé ceux par qui leur ridicule est arrivé ; une victoire de circonstance, pas tout à fait totale, mais résolument originale. L'industrie médiatique a de beaux restes et entend le faire savoir. Si la dénonciation des violences policières finit par entrer dans une phase inédite, rarement atteinte depuis au moins 1968, une poussée qui déborde les réseaux militants en gagnant des humoristes, des rappeurs, des sportifs, des écrivains[2], c'est à coups de *talk-shows* les plus anodins qu'elle se produit. Cette propagation de l'enjeu policier dans le spectacle est à la fois son sacre inattendu, et un possible piège (réponse dans x années). Elle est la confirmation, dans tous les cas, que la minorité bruyante dénoncée par Nuñez a résolument gagné des *followers*.

Voilà l'état des troupes aujourd'hui : la police apparaît prise de court, et à revers (la *sousveillance* contre la surveillance). Payant sa conversion au tout-répressif (les années Sarkozy, et la politique

---

1. André Gunthert, historien, « Quand les médias faibles deviennent les plus forts », *Médiapart*, 15 mai 2019.

2. Anne Sinclair, Omar Sy, Kilian M'Bappé, Joey Starr, La Rumeur, Virginie Despentes, Mathieu Kassovitz, etc.

du chiffre), la police n'apparaît plus que comme machine à confrontations, à violences et à films. D'un côté, son répertoire d'actions se durcit ; de l'autre, la parole se libère tous azimuts, et une exigence de débat semble s'instaurer. Sans esquiver les travers — évidents — de la technologie (toutes ces caméras qui équipent nos smartphones sont autant de mouchards putatifs, possibles sentinelles de surveillance panoptique de tous sur tous, dont les retombées éthiques et morales sur nos libertés sont immenses[1]), il s'agit de souligner ce qui se joue : le rétablissement d'un match égalitaire, sur le plan des opinions, où la transparence des pratiques policières, amène chacun à être plus… regardant.

À l'heure de la vidéosurveillance imposée partout, à l'heure du « crédit social » à la chinoise et du « capitalisme de surveillance » à la GAFA, de la « reconnaissance faciale » pour tous et des joies tristes à s'admirer dans son propre *Black mirror*, que la police n'ait plus le monopole du

---

1. Sans parler des images comme sources pour les investigations de police. Un enquêteur de l'IGPN : « Nous faisons des recherches sur Internet pour trouver des vidéos postées par des particuliers ; certains nous les remettent d'ailleurs spontanément. Leur exploitation est souvent longue, car les vidéos ainsi récupérées sont rarement de très bonne qualité. Le travail va consister à mettre tous ces éléments en perspective et à donner une certaine cohérence au déroulement des faits », rapport annuel IGPN 2019, rendu public le 8 juin 2020.

récit est une réelle avancée. C'est le rêve en acte des appels à la *publicité* de ceux de 1789.

C'est cette perte de monopole qui rend l'institution si nerveuse, et si grossière dans son déni puéril. Cette concurrence soudaine autour du *narratif* qui entraîne le pire des questionnements pour elle : celui de la force légitime, dont elle se revendique. Dans sa toute-puissance, la police est atteinte.

Engrenages, fiction policière

par Julien Coupat

*Les 28 et 29 mars 2013 se tenait à l'initiative du CNRS, dans un auditorium du XVI*e *arrondissement de Paris, un de ces colloques sans objet par quoi l'ennui académique trouve à se distraire, entre deux bâillements. Son titre tout en farouche résolution – « La police entre fiction et non-fiction » – sonnait comme une garantie que l'on se garderait d'y formuler la moindre idée, que l'on se tiendrait poliment dans cet intervalle du discours où la neutralité le dispute au néant. Afin de pimenter un peu le long tunnel de banalités qui s'annonçait, les organisateurs avaient saupoudré le programme d'une soirée de projection-débat « autour de l'affaire de Tarnac », qui à l'époque défrayait vaguement la chronique, et dont l'instruction était encore loin d'être close. Devaient y intervenir David Dufresne, Éric de Barahir, commissaire de police et coscénariste de la série* Engrenages, *et le juge antiterroriste Gilbert Thiel, devenu entre-temps acteur et consultant pour la même série. Informés de la tenue de cette petite sauterie, nous nous sommes procurés avec un ami, à la faveur d'une erreur humaine des organisateurs, les adresses électroniques de tous les participants – qui policier, qui magistrat, qui chercheur,* *qui journaliste. Deux jours avant le colloque, ces derniers ont reçu depuis une adresse semblant être celle des organisateurs, mis en page selon la charte graphique hors d'âge des autres documents liés au congrès et orné de la ribambelle des logos officiels, le texte que l'on va lire. Il se présentait comme des « matériaux préliminaires afin de préparer le colloque et partager quelques pistes de recherche ou de discussion ».*

Engrenages, *la « meilleure des séries françaises », celle du moins qui s'exporte le mieux, a depuis lors continué ses ravages, propageant sous couvert de réalisme sa complaisance envers des forces de police sans cesse plus dégondées, prétendant toujours s'inspirer de l'actualité la plus récente et se soumettant ainsi à une péremption accélérée. On pourrait de ce fait douter de l'intérêt de relire aujourd'hui un texte portant sur la quatrième saison d'une série qui en est à sa huitième, soit sur l'actualité de 2012. On verra plutôt que les constats d'alors ont trouvé dans le cours des choses une confirmation continue, jusqu'au point d'orgue du printemps 2020 où un espace public idéalement vidé par le confinement aura été offert à une pure souveraineté policière. La disposition envers la police qui s'exprime dans ce texte, alors marginale, n'a cessé de gagner du terrain avec les progrès de son discrédit. Et puis il n'est pas mauvais de s'aviser, par une lecture rétrospective, combien la* question policière *se pose en des termes constants, sous le flux changeant des nouvelles du jour.*

Mais ce qui motive d'abord cette publication, c'est l'obstination avec laquelle les services de renseignement, épaulés en cela par l'appareil médiatique, persistent à vouloir mettre en scène la « menace de l'ultra-gauche », ses « associations de malfaiteurs » et sa fatale dérive vers le « terrorisme ». Aucune déconfiture judiciaire de cette construction, aucune menée insurrectionnelle de masse comme celle des Gilets jaunes en novembre et décembre 2018 ne semble venir à bout du manque d'imagination dont est affligé le corps policier. Il faut croire qu'à défaut d'une autre plus convaincante cette lubie doit occuper quelque fonction stratégique. Chaque nouvelle sortie du président de la République sonne comme un appel à lui faire connaître le sort de la princesse de Lamballe. Les forces de l'ordre mettent tout leur cœur, par leur pratique quotidienne, à élargir continûment la sphère de leur détestation. L'offensive technologique débridée qui se déguise en aide généreuse afin de vaincre le Covid-19 invite au sabotage n'importe quel esprit sensé. La nécessité catégorique de mettre à l'arrêt la machine économique fait naître des idées, et pas que des idées, d'action directe chez les esprits les plus innocents. Voilà un contexte qui rend probable le retour du retour du hochet policier d'« ultra-gauche ». La décomposition continue, dans les dernières années, des secteurs militants servant de support à cette projection ne fait rien à l'affaire. La résistance du réel aux fictions policières ne les a jamais dissuadées de persister dans le forçage.

L'échec, même répété, ne semble pas plaider contre la poursuite des essais, l'oubli organisé des déconvenues passées se chargeant de ménager la possibilité de succès futurs. « Jusqu'à ce que ça marche » semble être la devise de cette bande de sourds. Dépité de tant de frilosité de la part du parquet antiterroriste, un fonctionnaire de la direction du renseignement de la préfecture de police de Paris pestait encore en ce mois de mai 2020 : « Depuis Tarnac, tout le monde a peur. *» S'en plaindre publiquement, c'est dire combien on compte peu relâcher la pression. D'où cette republication dont on n'a rien modifié sinon quelques références à des personnages heureusement entraînés, entre-temps, dans les poubelles de l'Histoire, et dont il ne convenait pas de les tirer.*

Une fois consommé le fiasco de l'affaire dite « de Tarnac », la fiction du « retour de l'ultra-gauche armée » n'a plus trouvé preneur. Ayant été défaite dans la réalité, c'est dans sa sphère d'origine qu'elle prend maintenant sa revanche : à la télévision. Gageons que si la quatrième saison de la série *Engrenages* avait été diffusée avant ladite affaire, et lui avait suffisamment préparé le terrain, la manœuvre n'aurait peut-être pas connu pareille déroute. Au demeurant, il n'est pas dit que l'on ne parvienne pas, un jour prochain, à ressusciter le péril rouge et noir. L'amnésie va bien au spectacle immonde.

Le genre auquel appartient *Engrenages* se nomme en Allemagne « Krimi », aux États-Unis *crime-drama* ou, comme en Angleterre, *detective series*. En France, *Engrenages* est une série *policière* comme le commissaire Maigret a longtemps dominé, ici, le roman *policier.* Cette classification est tout à fait méritée tant, dans l'un et l'autre cas, le parti pris est celui de la police, qui concentre sur soi toute empathie possible. Le capitaine est donc logiquement *une* capitaine, avec tout ce que cela engage de touchants problèmes de cœur ; d'ailleurs, au service, c'est un peu le *Loft*. Chaque agent a sa petite faille, que nous sommes intimés de *comprendre*. Quand l'un d'entre eux passe à tabac un gars menotté, c'est qu'il est en état de souffrance psychique, et il ne faudrait pas que le gars tombe dans le coma, sinon le pauvre officier pourrait bien être sujet à des sanctions disciplinaires. D'ailleurs, s'il arrive à la justice d'être injuste, c'est d'abord envers la capitaine elle-même : un *petit juge* la poursuit pour avoir abattu un violeur hors de tout contexte de légitime défense. Sans doute est-ce à cela que pense la scénariste d'*Engrenages* lorsqu'elle déclare que ses flics de personnages font « de mauvaises choses pour de bonnes raisons ». À moins qu'elle n'ait subi l'influence de son co-scénariste, qui, lui, est carrément commissaire.

Engrenages, diffusée dans 70 pays, est régulièrement louée pour son « réalisme ». Encore omet-on de préciser qu'il s'agit là d'un réalisme *de commissaire de police*, d'un point de vue bien particulier sur le monde. On l'aurait deviné à regarder la série, mais autant citer directement le coscénariste : « [Les groupuscules terroristes étudiants d'extrême gauche] sont des choses qui sont en train de revenir. Cette nouvelle forme de radicalité vient de l'étranger (d'Allemagne, de Belgique, d'Italie, essentiellement) mais est de plus en plus présente en France. Les blacks blocs à Strasbourg, certains collectifs à Toulouse, le Tarnac. Nous partons d'une tendance et puis, naturellement, nous allons dans la fiction. Mais croyez-moi, avec ces mouvements ultra-violents, on est tout à fait dans le domaine du possible. » On reconnaît là non seulement la futurologie démente des services de renseignement, mais aussi la logique du « décèlement précoce » importée en France par Alain Bauer et Xavier Raufer – partir d'une « tendance », la prolonger en imagination dans le temps, et en conclure à l'urgence d'écraser ici et maintenant tel ou tel « œuf » supposé – soit tout le cocktail idéologique qui a présidé, après d'autres rafles moins médiatisées, au montage de Tarnac. Toute la trame de cette série si « réaliste » porte la marque de cette idéologie si reconnaissable qui stipule que, dans le présent « chaos mondial », nous assisterions à la fusion de « guérillas dégénérées » avec des « mafias transnationales » et des « groupes terroristes », qui s'épauleraient mutuellement dans des « zones grises » qui vont s'étendant, rongeant jour après jour toute autorité souveraine[1]. La saison 4 d'*Engrenages* ne

1. « Quels coups sévères porterait-on à toutes ces entités, les terroristes, les mafieuses et les hybrides, *dans tous leurs champs d'action*, en considérant désormais comme stratégiques le cadre et les harmonies – le terreau criminel dans lesquels ils opèrent, puis en entreprenant de les nettoyer ? Cette approche est infiniment plus efficace que la démarche consistant à "saucissonner" l'ensemble en mille procédures tatillones, pathétiquement lentes et finalement inutiles, selon des codes dépassés – et aussi futiles face à de tels agrégats de bandits et de fanatiques que l'usage d'un mousquet à pierre contre un "Rafale". » (Alain Bauer, Xavier Raufer, La Face noire de la mondialisation).

fait que mettre en scène, sous couvert de fiction télévisée branchée, un *cauchemar idéologique de l'appareil sécuritaire français*: la jonction entre dealers de cité, activistes d'« ultra-gauche » dirigés en sous-main par un diable boiteux d'origine grecque et militants du PKK donnant dans le trafic d'armes. On s'étonne presque que le juge d'instruction en charge de l'affaire dite « de Tarnac » n'ait pas collaboré au scénario, lui qui s'est par ailleurs rendu célèbre pour son acharnement quasi sacrificiel contre les Kurdes. Consultant pour la saison 6 d'*Engrenages*, voilà qui ferait une honnête reconversion pour ce monsieur, lorsque la magistrature se sera lassée de couvrir les bévues d'un tel taré. Et puis, quelle différence y a-t-il, à vrai dire, entre la confection d'un dossier d'instruction antiterroriste et un scénario de série policière ? Ne s'agit-il pas toujours de raconter une histoire *efficace* ?

Il y a un siècle encore, l'idéologie privilégiait le vecteur du discours. Mais le cours des mots est tombé au plus bas ; nul ne leur fait plus crédit. On les a trop fait mentir. La réclame, les gouvernements et les journaux en ont fait un brouillard derrière lequel on escamote les évidences, plutôt que ce par quoi celles-ci se manifestent communément. L'usure des mots a commandé l'emploi d'autres moyens. On y a remédié par la puissance des images, notamment. Et l'on ne fut pas déçu. Les fabulations gouvernementales n'en devinrent que plus saisissantes. La CIA fut invitée à relire les scénarios d'Hollywood en « temps de paix », c'est-à-dire de « guerre contre le terrorisme », quand elle n'en faisait pas tout simplement écrire. On ne voit pas, dans ces conditions, quel scrupule devrait avoir Canal + à commanditer un scénario de fiction à un commissaire d'active, à offrir à la police de travailler directement sur l'imaginaire d'un million de spectateurs : l'état hypnotique produit par le flux de 24 images par seconde est tout ce qu'il y a de plus propice à l'édification des masses devenues incrédules. On ne sera donc pas trop étonné, au détour d'une conversation de comptoir, d'entendre une employée de la cinquantaine s'exclamer, au sujet d'*Engrenages* : « Tout de même, ces gens de l'ultra-gauche, je n'imaginais pas qu'ils étaient si dangereux ! » Ni que la même employée, quelques années plus tôt, n'ait pas cru un seul mot de ceux dont le présentateur du 20 heures enrobait les arrestations de Tarnac. Il semble curieusement plus simple de se défendre du mensonge lorsqu'il se donne pour discours de vérité que là où il se présente d'emblée comme fiction. Comme si nous pouvions enfin croire à la vérité des fables, nous qui sommes détrompés des vérités officielles.

Il suffit de faire l'effort de mettre en mots les thèses exprimées sans ambiguïté dans la saison 4 d'*Engrenages* pour faire éclater tout leur contenu idéologique. En voici quelques-unes :

– « Les autonomes sont soit des salauds, soit des minables, soit les deux. Leur pensée ne s'élève pas au-dessus du slogan. Tout, en eux, n'est que grotesque posture. Ils desservent les causes qu'ils prétendent défendre, et qui ne sont pour eux que prétexte à l'expression de leur démoniaque instinct de destruction universelle. Leur absence de cœur n'a d'égal que leur cynique mépris des véritables pauvres. » Rien ici que la bonne vieille rhétorique contre-révolutionnaire qui a inspiré *Les Démons*, par exemple, à Dostoïevski. On devait trouver cela fort « réaliste » à l'époque, avec son exergue pris dans l'Évangile.

– « Le droit et le respect du code de procédure pénale n'est qu'une entrave à l'efficacité de l'action policière. Il faut parfois avoir le courage de falsifier des procès-verbaux pour débarrasser la société des Méchants. Les avocats ne sont qu'obstacle à la juste sanction qui doit s'abattre sur les bandits, dont ils sont les complices intéressés. D'ailleurs, s'ils les font libérer, ce n'est qu'en dressant contre la vérité policière de purs artifices de procédure. Les motivations des avocats sont donc vénales, ou à tout le moins fallacieuses. La réforme de la garde à vue, qui les introduit auprès de leur client dès le premier interrogatoire, est une catastrophe. »

– « La hiérarchie policière et judiciaire est globalement véreuse. Il n'y a là que vile politique, conflits d'ambitions, rivalités personnelles, réseaux d'influence, grenouillages ministériels.

Seuls entendent y faire triompher la Loi et la Vérité quelques Justes perdus, éperdus d'idéalisme, que l'institution tâche de broyer, et broierait, n'était l'action secrète et bénéfique des francs-maçons. »

– « Les policiers de base sont des créatures faillibles, des hommes, des pécheurs comme les autres. Ils ont leurs faiblesses, leurs crises de foi, leurs moments de doute. Il leur arrive de trébucher. Mais leur intention, elle, est toujours bonne. Ils ne font pas qu'exercer un métier, celui de flic, ils *sont* des flics. Le désastre de leur vie privée, dévorée par leurs *missions*, rongée par leur *sacerdoce*, le prouve suffisamment. Comble de l'iniquité, ils ont *"l'IGS au cul H-24"*. Heureusement qu'il y a quelques Justes placardisés dans l'institution judiciaire pour reconnaître leur nature angélique, même si ce sont, en comparaison, des anges quelque peu déchus. Il faut bien mettre les mains dans la merde si l'on veut en extraire la vermine. »

– « Les cités sont des "zones de non-droit" peuplées de bêtes féroces dont chaque mètre carré est contrôlé par un gang. »

– « Les sans-papiers sont victimes de patrons-voyous qui les exploitent. Ce sont d'honnêtes travailleurs que l'on traite du mieux que l'on peut dans les centres de rétention. »

– « La DCRI est une infâme police politique, aux méthodes dignes de la STASI, dénuée de tout scrupule. Son action est parfaitement contre-productive. Elle n'est bonne qu'à saboter le travail de la police judiciaire, qui pourrait très bien se charger de ce dont la DCRI s'occupe, si seulement celle-ci consentait à partager un peu les informations dont elle dispose. »

– « À bas la politique du chiffre ! »

La saison 4 d'*Engrenages* ne fait que mettre en images l'idéologie d'un type social déterminé : celle du commissaire de police de gauche, syndiqué chez SGP-Unité-Police-FO, majoritaire dans la profession, et lui-même probablement franc-maçon. S'il est aisé de contredire de tels énoncés une fois formulés, comment contredit-on une image ? Comment contredit-on un *récit* ?

Cela fait un bon siècle que les fictions policières sont par excellence des fictions populaires, c'est-à-dire qu'elles viennent « divertir » ceux-là mêmes que la police est là pour réprimer. Il y a là un paradoxe tragique, la marque d'un désenchantement historique, d'une résignation à ce que l'ordre des choses demeure ce qu'il est, avec le correctif policier qu'il implique. Chaque assaut révolutionnaire repoussé semble d'ailleurs produire sa génération de romanciers de polar. Celle des années 1850 suit la défaite de 1848. Celle des années 1930 succède à l'avortement de la révolution mondiale des années 1920, et celle des années 1970-80 est directement liée à l'inversion de l'onde subversive qui court de 1967 à 1977. On pourrait expliquer le succès de ce type de marchandise culturelle par le fait qu'au moins elles parlent de la vie du peuple, fût-ce d'un point de vue ennemi. On pourrait se dire que se prolonge là l'infini travail, assumé par la bourgeoisie autant que par le mouvement ouvrier officiel, de trier dans le peuple le bon grain de l'ivraie, de séparer classe laborieuse et classe dangereuse, de former l'image de l'honnête travailleur contre celle du voyou et de monter le premier contre le second. On pourrait se rassurer en se disant qu'à passer son enfance à jouer au policier et au voleur, on peut bien, sans préjudice excessif, passer le restant de ses jours à les regarder jouer à la télé. Nous préférons tenir la prévalence de la figure du policier dans l'imaginaire populaire et la centralité de la police dans cette époque pour un symptôme, un symptôme de *ce dont il faut guérir*. Traitons donc *Engrenages* à son tour comme symptôme, et voyons ce qu'il en reste une fois qu'on l'a purgé de son idéologie. Il en reste ceci.

– Ceux qui doivent faire respecter la loi ne sont plus dotés, comme le Maigret d'antan, d'une morale personnelle ronronnante de petit-bourgeois pantouflard. Ils ne croient plus à rien. Ils vivent eux-mêmes dans le plus grand égarement éthique, dans la même confusion des sentiments que le reste des *citoyens*. Pourquoi ne pas mentir à ses collègues ? À un juge ? Faut-il être avec un homme, deux ou trois à la fois ? La police ne vient pas réprimer le crime en ce qu'il attaquerait un ordre positif, un système de valeurs établi, mais simplement gérer des menaces. L'infraction à une loi désormais sans valeur, à des règles privées de contenu ne fait que servir de prétexte à la neutralisation de tel ou tel. Ce que l'on condamne comme criminel, comme mauvais, ne se rapporte à aucune idée de ce que serait le bien, de ce que serait une bonne existence. Seuls les « criminels » – autonomes, kurdes ou gars des cités – ont quelque certitude quant à leur façon de vivre. Et peut-être est-ce là exactement leur crime. Peut-être la police n'est-elle là que pour défendre le *nihilisme social*, le fait que l'on puisse vivre *sans croire à rien*. Elle protégeait hier une morale sociale douteuse, elle protège à présent l'obligation sociale de douter. Car quiconque assume, fût-ce seulement pour lui-même, son idée de ce qu'est une bonne vie doit immédiatement reconnaître qu'elle diffère de celle de tant d'autres, voire qu'elle en contredit certaines. Toute sortie du nihilisme est donc menace de guerre civile. C'est là que la police attaque.

– Le criminel n'est plus quelqu'un qui, comme dans la fiction classique, « tombe dans le crime », individuellement, en vertu de motivations que l'inspecteur ou le détective peut rationnellement élucider. Par son acte, il ne se met pas au ban de la communauté, au contraire il s'y incorpore. Il n'est pas un « individu », comme cela s'écrit dans tout bon procès-verbal de filature, mais un élément d'un petit monde – le squat, la cité, l'entreprise – qui vit du crime, qui vit *dans* le crime. On ne voit dans *Engrenages* rien de tel qu'une « société » ; il n'y a plus que des mondes, tous également quoique diversement criminels. Il n'y a plus que des *milieux*, plus ou moins hermétiques les uns aux autres, avec leurs hiérarchies féroces, leurs codes propres, leurs territoires balisés. Et au-dessus de ces milieux, comme en lévitation, il y a l'État, ou ce qu'il en reste, qui gère comme il peut ce chaos latent par le truchement d'une police dont on ne voit pas ce qui pourrait contrarier la marche vers la souveraineté. La police est aux mains du pouvoir comme la foudre aux mains des dieux : *elle s'abat sur ce qui dépasse.*

– Les policiers sont des illégalistes comme les autres. Ils vivent en bandes, sont brutaux, sans foi ni loi. Ils se vengent sans commission rogatoire des autonomes qui les « détronchent » sur leurs sites Internet. S'il le faut, ils cambriolent pour leur compte. La seule chose qui les distingue des autres bandes, c'est qu'ils sont organisés en un plus vaste appareil de complicité, et qu'ils se sont par là arrogés l'impunité. Autrement dit : *il n'y a plus que des forces dans ce monde*, que l'on répute criminelles à proportion de leur inorganisation. Décréter une morale, c'est encore une manifestation de force.

(À SUIVRE…)

« La police avec nous ! »

par Eric Hazan

Il y a eu les Gilets jaunes, la levée en masse de la jeunesse contre l'inaction sur le climat, la grève contre la réforme des retraites et maintenant le coronavirus et la loi « sur l'urgence sanitaire ». Ces événements ne sont pas sans lien entre eux. Ils ont en commun un élément majeur, le rôle constamment joué par la police. Le pouvoir en a plus que jamais besoin, car partout la colère est dans l'air. Des services de réanimation aux prisons, des écoles primaires fermées aux soi-disant grandes écoles dont on fait semblant de préparer l'admission, du Puy-en-Velay aux banlieues confinées, la tension monte sans cesse, avec le sentiment d'être dirigés par des arrogants et des incapables. Mais pourquoi cette tension ne fait-elle pas exploser la bulle que l'on qualifie de gouvernement ? À elle seule, la force d'une police militarisée ne suffit pas à l'expliquer. La raison profonde est que l'idée n'a pas encore jailli qui permettra de rompre avec la série ininterrompue de défaites s'étant succédé depuis la Commune de Paris, et même depuis l'écrasement de l'insurrection prolétarienne de juin 1848.

On n'a pas encore inventé l'insurrection du XXIe siècle. On sent seulement qu'elle ne ressemblera à rien de connu. Ce ne sera pas une confrontation armée frontale, qui serait suicidaire – quelles armes, quels officiers, quelle stratégie ? Ce ne sera pas non plus une resucée de Mai 68, pour plusieurs raisons dont l'essentielle est que les étudiants sont aujourd'hui dispersés, que n'existe plus ce bloc de jeunesse rebelle concentré dans les étroites frontières du Quartier latin. (Cette dispersion était d'ailleurs le but premier des mesures prises à l'époque par le bredouillant Edgar Faure.) Le mouvement des Gilets jaunes, lancé et animé par des sans-nom, a fait trembler la bande d'aventuriers qui n'ont d'autre but que de maintenir à toute force le règne de la finance. Les Gilets jaunes, même s'ils ont fini par se disloquer, auront eu l'immense mérite de montrer que sans partis ni syndicats le peuple est capable de bloquer le pays quand l'envie lui en prend. C'est un moment important pour imaginer le soulèvement à venir.

Violent ou non, ce soulèvement ? On ne sait pas trop, mais ce qu'on peut prédire, c'est qu'à un certain stade il faudra bien s'emparer de points d'ancrage du système à abattre : radios et télévision, centrales nucléaires, raffineries de pétrole, gares et aéroports… Ces points seront certes secoués de l'intérieur par ceux qui y travaillent mais ils seront aussi défendus par la police, les

CRS, les gendarmes et, s'il le faut, des éléments sûrs de l'armée. On ne vient pas à bout de ces gens-là avec des pavés, des barres de fer et des cocktails Molotov – on risque seulement de se faire massacrer.

Il n'y a pas de lois en histoire, l'histoire n'enseigne rien sur l'avenir, c'est entendu. Mais l'on peut repérer certaines séquences qui se répètent au fil du temps. Les quelques révolutions victorieuses dans le monde occidental depuis juillet 1789 ont un trait commun : le tournant décisif s'est produit quand les « forces de l'ordre » se sont débandées ou sont passées du côté de l'insurrection. J'en donnerai deux exemples.

Le premier est celui du 29 juillet 1830. Les deux jours précédents, Paris a été secoué par la bataille féroce entre les troupes de Charles X et le peuple soulevé. Le 29 au matin, Marmont qui commande en chef regroupe ses régiments dans un quadrilatère bordé par le fossé des Tuileries à l'ouest, la colonnade du Louvre à l'est, la rue Saint-Honoré au nord et la Seine au sud. « Cette position est inexpugnable, affirme Marmont, j'y tiendrai trois semaines », le temps de faire venir des troupes de la proche province, qui prendront les insurgés à revers. Le peuple assiégeant essuie le feu plongeant des Suisses depuis la colonnade du Louvre. Mais soudain une clameur retentit : les 5e et 53e régiments de ligne qui tenaient position place Vendôme sont passés du côté de l'insurrection (la « ligne » était la piétaille de masse, moins bien payée et moins considérée que la Garde ou la cavalerie). Un trou béant s'ouvre dans le dispositif de défense. Marmont envoie l'un des deux bataillons suisses fermer la rue de Castiglione mais par erreur le bataillon détaché est celui qui défend la colonnade – laquelle se trouve donc un moment dégarnie. Le peuple y grimpe, les Suisses qui se souviennent de leur sort le 10 août 1792 se débandent et s'enfuient vers les jardins des Tuileries, l'insurrection est victorieuse.

Le second exemple se déroule dans la nuit du 26 au 27 octobre 1917 à Petrograd. D'après l'historiographie officielle, établie sous Staline et mise en images par Eisenstein dans son célèbre *Octobre*, dans cette nuit-là le palais d'Hiver, où siégeait le gouvernement provisoire de Kerenski, a été « pris d'assaut ». En réalité, les défenseurs du palais – marins, bataillon de femmes, cadets – s'étaient dispersés sans bruit au cours de la nuit et c'est très pacifiquement qu'Antonov Ovseenko, avec son petit chapeau et ses lunettes rondes, entra dans la salle du Conseil avec quelques gardes rouges et annonça aux ministres qu'ils étaient en état d'arrestation.

Quelles raisons peuvent décider des policiers, des gendarmes, des militaires à rentrer chez eux ou à prendre le parti de ceux qu'ils sont chargés de combattre ? Il y a la peur, c'est certain, la peur d'être du côté des perdants, la peur des représailles à venir. C'est sans doute la raison qui a poussé la police parisienne, jusque-là très majoritairement docile à l'ordre allemand, à passer du côté de l'insurrection en août 1944. Mais il y a également le sentiment que le peuple qu'on les charge de mitrailler est aussi le leur, qu'ils en font partie, que le combat est fratricide. C'est comme une sorte de honte collective qui les saisit. Ainsi, en février 1848, la Garde nationale refuse-t-elle de prendre les armes – ce qui est déterminant dans la chute de Louis-Philippe. Ainsi, en octobre-novembre 1918, les soldats allemands refusent-ils de tirer sur les ouvriers et les marins révoltés – ce qui entraîne la chute de l'empire des Habsbourg et la proclamation de la république. Et c'est pour cette raison que les CRS sont toujours maintenus loin de leur terroir d'origine, de peur d'une fraternisation comme celle du 17e de ligne à Béziers avec les vignerons du Languedoc en 1907 (épisode immortalisé par la chanson de Montéhus : « Salut, salut à vous, braves soldats du 17e… »).

Mais de tels revirements viennent de loin. Il faut les préparer. À cet égard, le cri « Tout le monde déteste la police » est à mon sens une erreur. Il tend à souder les « forces de l'ordre » : si tout le monde nous déteste, restons groupés et défendons-nous. Certes, il est difficile de ne pas détester la police quand on se trouve face aux RoboCops massés derrière leurs boucliers, quand on est « nassés », enfumés, arrosés, quand éclatent les grenades. Mais cette détestation est un affect et la raison est là pour contrôler les affects. Elle voudrait que l'on s'adresse aux policiers, en leur parlant quand c'est possible – je me souviens d'une discussion, place de la République, un soir de manifestation des policiers : ces hommes et ces femmes, en civil, étaient tout disposés à dialoguer. Si ce n'est pas possible, il y a d'autres moyens, des tracts, des affichettes, des haut-parleurs. Le message serait : vous êtes des exploités comme les autres – vos horaires, vos salaires, votre hiérarchie odieuse ; si vous faites ce métier, ce n'est pas par vocation ou par goût pour la castagne mais parce que c'est un travail, une paye, et là où vous étiez il n'y en avait sans doute pas d'autre ; ne vous retranchez pas sous le prétexte que vous devez obéir aux ordres, ne prenez pas le risque de dire un jour à vos enfants que oui, vous avez tiré sur le peuple, mais parce qu'on vous l'avait commandé ; n'obéissez pas aux ordres qui vous invitent à la brutalité car ils sont scandaleusement illégaux. Bien sûr, à faire passer de tels messages il y a un risque mais il vaut la peine d'être pris car il prépare l'avenir.

Je sais que cette position est plus que minoritaire. La seule personne qui m'ait appuyé est morte récemment : c'était Marie-Jeanne Manuellan, une femme qui avait pris sous la dictée de Frantz Fanon le texte des *Damnés de la terre*. « La seule personne » ? Mais non, David Dufresne m'a raconté qu'en mars dernier, lors d'une manifestation Bercy-République, on avait crié « Ne vous suicidez pas ! Rejoignez-nous ! » Bien sûr, ce mot d'ordre n'a pas été suivi d'effet, mais il témoigne de la persistance, derrière la haine scandée, du vieux mot d'ordre enfoui quelque part dans l'inconscient collectif : « La police avec nous ! »

Les méchants

par Amal Bentounsi

La violence policière est sidérante. Elle sidère d'abord quand on en est victime – dans mon cas, de manière collatérale –, puis elle sidère chaque fois qu'elle sévit de nouveau. À chaque drame, il m'est impossible de ne pas être touchée. C'est qu'avec elle, et la douleur « naturelle » qu'elle génère, les procédés visant à effacer la faute des policiers se répètent inlassablement. Les familles sont sous pression ; les enquêtes sont bâclées ; les preuves disparaissent ; les scènes de crime sont modifiées ; les témoignages sont falsifiés ; les affaires sont classées (sans suite, ou par non-lieu) ; les victimes sont criminalisées ; la légitime défense en faveur des policiers est reconnue par les juges.

Cette impunité, avant d'être un grand problème de société, nous sidère parce qu'elle efface la mort violente de nos proches. C'est comme si elle n'avait pas eu lieu, que rien ne s'était passé. Ou alors qu'elle était de toute façon inévitable : lors du décès de mon frère en 2012, quand j'ai vu les titres dans la presse : « Amine Bentounsi, braqueur, a été tué », je n'ai pu m'empêcher de commencer par penser : « Je ne peux rien pour lui, je ne peux pas le défendre. » Naturellement, nous ignorions alors qu'il avait été abattu d'une balle dans le dos – et nous aurions continué à l'ignorer si nous ne nous étions pas constitués partie civile afin d'obtenir une autopsie en bonne et due forme. De sorte que quiconque traverse cette épreuve ne peut s'empêcher de penser que tout le monde s'en fout : c'est bien connu, dans les quartiers populaires, le mensonge d'État rend nos frères, nos maris, nos enfants sacrifiables, parfois même à nos propres yeux. Pour ma part, c'est cette indifférence générale qui m'a grandement incitée à vouloir à tout prix imposer cette question – les violences policières – à la société dans laquelle je vis.

Après toutes ces années de combat, durant lesquelles j'ai pu rencontrer d'autres familles de victimes, des alliés du champ politique, associatif, social, culturel, et obtenir une victoire relative (une condamnation à la prison avec sursis d'un policier), pour moi la lutte n'est pas près de s'arrêter et il faut bien avouer qu'une part de sidération demeure, mais cette fois d'un point de vue politique. Comment expliquer cette impunité policière si constante, à peine ébranlée par les rares condamnations judiciaires, totalement insensible à une opinion, certes jusque-là hostile aux quartiers populaires, mais courroucée par les exactions contre les Gilets jaunes ? À quoi joue le pouvoir, quand il accède à la moindre revendication à renforcer le « permis de tuer » ? On ne peut pas tout réduire à la fonction de maintien du système en place : il y a certes des liens entre le vécu des habitants des quartiers et la diffusion des violences policières dans le mouvement social. Mais les différences sont notables : dans les manifestations, la stratégie du maintien de l'ordre, brutale ou non, répond à un rapport de forces réel ou supposé ; les violences, même impunies, ne sont pas pour autant invisibles, ne sombrent pas dans l'oubli et n'occasionnent pas le déshonneur de ceux qui en font les frais. Dans les quartiers au contraire, un frère, un père, un fils peut être arbitrairement emporté par la frénésie d'un agent sans que ça ait une quelconque conséquence judiciaire ni médiatique. Et on aura beau réfléchir, on ne trouvera pas la moindre raison qui fasse comprendre en quoi le système a besoin d'emporter telle ou telle vie pour se maintenir, ni même pourquoi il est impératif que les bourreaux soient toujours épargnés par l'institution judiciaire – même quand les preuves à leur encontre sont accablantes.

Lacriz

Le combat collectif permet de donner beaucoup de sens à ces événements malheureux. Mais la violence inouïe qu'un agent peut exercer lorsqu'il effectue une clé d'étranglement jusqu'au dernier soupir de sa victime, ou lorsqu'en voiture il percute sciemment un jeune pris en chasse, ou encore lorsqu'un policier porte plainte contre celui qu'il a mutilé, ou lorsque sa hiérarchie manœuvre pour le blanchir, tout cela reste impensable, même pour les militants les plus chevronnés et les plus informés. Faute de mieux, nous parlons de racisme d'État, d'islamophobie, nous soulignons les généalogies coloniales des pratiques et des institutions policières. Mais au fond, rien ne permet d'expliquer que la police se montre si irréformable alors que ses accès de fureur sont finalement dérisoires si on les compare à la mécanique froide et bien huilée des discriminations à l'embauche, du chômage dans les quartiers, de la lutte contre la drogue et l'incarcération de masse – violences qui font bien moins de vagues et organisent la ségrégation avec bien plus d'efficacité. Avant d'être lâchement tué, Amine, mon frère, avait été déjà largement abimé par ce système. D'ailleurs, le nom qui servait à le désigner en prison – quand il était en *hess*, qu'il n'avait rien, et qu'il sollicitait ses codétenus pour qu'ils le dépannent – en portait la marque indélébile : « Lacriz[1] ».

---

1. En hommage à ce nom et à la mémoire de mon frère, j'ai pris l'initiative, décisive pour moi, de les faire vivre à travers une ligne de vêtements, baptisée Lacriz by Amingo. Voir @lacrizbyamingo sur Instagram.

Si, dans les quartiers, nous portons la crise comme d'autres portent leur croix, et si les procureurs ne sont pas en reste pour incarcérer ou assigner les nôtres à résidence, pourquoi tant d'énergie dépensée par les syndicats policiers à défendre la passion meurtrière de leurs collègues ? C'est à cet endroit que se trouve le vide sidérant sur lequel finissent par déboucher tous nos pourquoi. Victimes ou proches, nous ne sommes pourtant pas les seuls à buter sur cet impensable : dans de rares moments de lucidité, l'institution est elle-même saisie d'effroi. À l'audience, je vois encore les larmes dans lesquelles s'est soudain noyé le visage d'un policier appelé à témoigner, avouant à la barre qu'il avait menti pour protéger son collègue mis en examen ; j'entends encore le procureur de Bobigny s'indigner en première instance de ce même procès qu'on puisse « donner un permis de tuer » à celui qui a tiré sur mon frère.

En effet, la justice a très clairement établi que le meurtrier de mon frère n'était pas en état de légitime défense ce 21 avril 2012. L'avocat général de la cour d'assises de Bobigny l'avait clairement démontré en 2016. L'avocat général de la cour d'assises de Paris l'a de nouveau clairement démontré en 2017. Ces deux procès ont rendu visible le corporatisme policier primaire, les liens avec le pouvoir et les tentatives de pression sur la justice. Non seulement les policiers ont menti pour se couvrir, mais ils ont surtout été protégés par la hiérarchie et le ministère de l'Intérieur. Ironie du sort, à peine sortie de ces procès je devais constater qu'une loi sur la sécurité intérieure était promulguée – une loi très dangereuse qui assouplit les règles d'usage d'armes par les forces de l'ordre et les règles de la légitime défense. C'est comme si, après ce « raté » judiciaire qu'avait constitué mon procès aux yeux de l'institution policière, le législateur devait donner de nouveaux gages à ses agents, afin d'en assurer la fidélité inébranlable. Celle-ci était-elle vraiment remise en cause ? On peut évoquer à ce propos les manifestations de nuit, hautement symboliques, menées par les « policiers en colère » à l'automne 2016, organisées hors syndicats. Et il est vrai que la loi que j'ai mentionnée servait sans aucun doute à les contenter. Mais cette poignée de mécontents annonçait-elle une véritable fronde des fonctionnaires, menaçant l'autorité de l'État ? Loin s'en faut et, malgré les signes de radicalité (manifestants masqués, armés, forçant des barrages, avançant vers l'Élysée), on ne peut s'empêcher d'y voir une mise en scène, une pantomime de coup d'État en somme.

En 2016, il n'y avait pourtant pas de Gilets jaunes, et malgré quelques débordements au cours du mouvement contre la loi travail le pouvoir, encore fraîchement installé dans son « état d'urgence », était loin d'être à genoux. Ce fut malgré tout un moment d'intense lobbyisme policier, couronné de succès par la loi de 2017 dite « permis de tuer ». Je me souviens bien de cette période, puisque j'avais coorganisé, via mon association Urgence notre police assassine, un contre-rassemblement en réponse à un appel du syndicat policier Alliance à occuper la place de la République le 18 mai 2016 pour dénoncer « la haine anti-flics ». Alors que la place était depuis plusieurs semaines le lieu d'élection des manifestants contre la loi travail dans le cadre de Nuit Debout, elle se voyait ce jour-là entièrement privatisée, au profit de dirigeants syndicaux en roue libre, n'ayant aucune honte à se prendre en selfie accompagnés de Marion Maréchal-Le Pen ou de Gilbert Collard.

C'était à cette occasion que le pouvoir avait choisi de se venger du mouvement social, en réalisant un coup de filet policier et médiatique à l'encontre de plusieurs jeunes contre-manifestants présents sur le quai de Valmy en cette même journée, à proximité d'une voiture de police qui fut incendiée au cours des événements. Détenus provisoires par la suite pendant de longs mois, quasiment tous condamnés – parfois lourdement –, accusés de violence contre dépositaires de l'ordre public, ces jeunes sacrifiés – identifiés à une mouvance radicale au sein de la lutte contre la loi travail – ne suffirent finalement pas à apaiser la rancœur policière.

L'État semble ne jamais pouvoir s'acquitter de ce qu'il doit à ses exécutants – ou en tout cas s'en considère indéfectiblement tributaire.

Ces divers moments étaient pourtant loin de faire craindre que l'institution policière se dissolve ou se retourne contre ses commanditaires. Et dans les quartiers, la crise, la *hess* font l'essentiel du travail pour que chacun reste à sa place. Il nous faut dès lors accepter cette conclusion douloureuse : en dépit de nos rhétoriques militantes – militance que j'ai fini par rejoindre malgré moi –, peut-être doit-on renoncer à rationaliser la violence policière, la fureur raciste et leur protection institutionnelle. Mais face à ce vide des raisons, qui creuse en quelque sorte, de façon insupportable, le vide laissé par l'absent, il ne s'agit pas de se laisser aspirer et anéantir par la constance morbide du système. Il doit être possible, une fois ce constat admis, de le retourner contre les bourreaux. Si la fureur meurtrière n'a pas, à proprement parler, de fonction, c'est qu'elle est un symptôme.

Les monstres

Une telle idée peut sembler paradoxale : après tout, à la suite d'un tel choc, la perte d'un être chéri, le symptôme a toute raison de se trouver du côté des victimes. Tandis que, en face, les exécutants et leurs commanditaires sont droits dans leurs bottes. Ceux qui connaissent bien ce que j'ai à dire de mon affaire me l'ont sans doute déjà entendu dire : « Dans chaque famille touchée par ce genre de drame il y a un monstre qui sommeille et qui prend sur lui chaque jour. » Il ne faut pas prendre ces mots à la légère. Nous n'avons pas seulement à faire face à un deuil, mais à subir une injustice qui fait système avec des pratiques et des oppressions multiséculaires, dont les origines coloniales commencent à être admises et documentées. Les monstres sont donc d'abord ceux que cette histoire nous a transmis. Ils étaient dans les valises de nos parents et grands-parents immigrés. Ces monstres, qui ont bel et bien existé parmi les officiers, les missionnaires et les tortionnaires en chef de notre République, font en quelque sorte partie de nos réalités les plus intimes. Un pionnier de la psychologie du traumatisme – notamment dans l'enfance – a écrit cette note dans son journal de travail : « Effroi : une partie de la personne est mise "hors d'elle". [...] La place devenue vide sera occupée par l'agresseur[1] » (1932). Ce que j'ai pu dire sur ma crainte de devenir moi-même un monstre me semble éclairé par ces quelques mots. La haine et la folie ne font pas

1. Sándor Ferenczi, *Journal clinique*, Paris, Payot & Rivages, 2014, p. 374.

naturellement suite à la perte du proche, ils sont le produit de la haine et de la folie de nos agresseurs, de leurs mensonges, de leurs non-dits, de leur aveuglement sur les « bienfaits de la colonisation », sur leurs policiers « au-dessus de tout soupçon ». Tout cela me rappelle une autre belle phrase qu'il m'a été donné de lire et qui décrit bien ce sentiment : « Ce ne sont pas les trépassés qui viennent hanter mais les lacunes laissées en nous par les secrets des autres[1]. »

Le combat pour ne pas devenir un monstre, cet « effort pour ne pas être rendue folle[2] », je le devais à la mémoire de mon frère. Mais cette résistance au monstre qui sommeille en nous peut nous donner une autre force. Elle nous enseigne que la police est tout aussi bien un monstre qui sommeille au cœur de l'État et que ce dernier, pour apaiser la voracité et la rage de son minotaure, lui offre chaque année en sacrifice une quinzaine de jeunes, le plus souvent des hommes noirs, arabes, musulmans. L'institution policière renferme donc bien des monstres, elle est sans doute elle-même monstrueuse mais elle dissimule habilement sa passion destructrice dans le dédale de la loi, des prisons et de l'administration. À nous revient la tâche d'en trouver la

---

1. Nicolas Abraham et Maria Torok, *L'Écorce et le noyau*, Paris, Flammarion, 1987, p. 427.

2. Harold Searles, *L'Effort pour rendre l'autre fou*, Paris, Gallimard, 2003.

sortie pour libérer nos frères et débusquer « les méchants ».

Le fil d'Ariane

En 2015, j'étais l'initiatrice, aux côtés de collectifs et groupes antiracistes et de nombreux soutiens, du premier appel à une Marche pour la dignité des femmes issues de l'immigration et des quartiers populaires – c'était à l'instigation de mon amie et alliée de longue date, la militante antiraciste Houria Bouteldja du Parti des indigènes de la république. Dans son texte de soutien à notre initiative, la militante historique Angela Davis rappelait : « Hier comme aujourd'hui, les femmes non blanches ont eu une place spécifique dans le système raciste. Du rôle de soutien de famille des Africaines-américaines jusqu'aux femmes, sœurs et filles d'hommes victimes du système policier et carcéral, nous, femmes de couleur, avons toujours joué un rôle d'avant-garde dans la lutte antiraciste[1]. » C'est cette place particulière qui justifiait cette prise de parole autonome des femmes issues de l'immigration et des quartiers. Longtemps, on a cherché à nous rendre

1. Angela Davis, « De Ferguson à Paris, marchons pour la dignité ! », *Mediapart*, 19 octobre 2015 (https://blogs.mediapart.fr/edition/les-invites-de-mediapart/article/191015/angela-davis-de-ferguson-paris-marchons-pour-la-dignite [consulté en mai 2020]).

complices de l'oppression de nos pères, frères et maris, et, encore aujourd'hui, d'aucuns cherchent à libérer la « femme musulmane » – à son corps défendant. Cette Marche pour la dignité était en quelque sorte une déclaration d'insoumission et un refus de ce chantage : le maître voulait nous installer dans sa maison, tandis que nos hommes allaient être usés jusqu'au bout par les méandres du système ou dévorés par sa bête féroce.

Dans l'état actuel des choses, il est exclu de terrasser le monstre frontalement. De même, il semble impossible qu'un gouvernement, animé par une réelle ambition de transformation sociale, cherche à réformer la police à court ou moyen terme. Que nous reste-t-il donc à faire ? Pourquoi continuer à faire de la mise à mort et de l'incarcération des nôtres un combat prioritaire ? Pourquoi « ne rien lâcher » ? Que représentons-nous, dans cet océan de souffrance qu'est le monde d'aujourd'hui ? Que faisons-nous, si l'on compare notre action à la « grande politique » des militants professionnels, préparateurs de grève générale, de convergence des luttes, ou de résultats à deux chiffres pour le dernier volontaire à la candidature de l'unité de la gauche de gauche ?

Pourtant nous ne sommes pas rien. Notre parole est, dans une certaine mesure et malgré un brouhaha de calomnies, entendue par une vaste opinion. Par les nôtres, évidemment, et c'est déjà beaucoup. Mais, au-delà, l'indignation des gens ordinaires est palpable quand éclate une affaire comme celle de Théo Luhaka par exemple. Pour beaucoup, cette violence si crue, et sa protection par les pouvoirs publics, sont totalement invraisemblables. Et ce sentiment est justifié : aucune raison là-dedans. Quiconque tant soit peu honnête et informé reconnaît cette folie logée dans nos institutions.

En tant que femmes issues de l'immigration, nous sommes sans doute portées à témoigner de cela parce que nous figurons rarement parmi les victimes directes de la police, et aussi parce que les attentes sociales, les représentations collectives, notre éducation font de nous celles qui prennent soin des autres : des enfants dont le père a disparu, des frères, des oncles, des cousins à visiter au parloir, des orgueils blessés à réparer au quotidien. Qu'on ne se méprenne pas : ce n'est pas ce que d'aucuns s'amusent depuis quelque temps à appeler du *care*. Ce que je viens d'énumérer, ce n'est pas seulement du « souci » pour ceux qui sont là, ou du « travail affectif », mais du souci pour les absents. Ça n'est pas tellement à la mode, à notre époque hypermoderne, de consacrer du temps aux absents. Nos contemporains préfèrent l'instantané, et nos gadgets nous rendent tous instantanément joignables. La seule barrière à une vie saturée de rencontres et de consommation, c'est l'argent. Quant au sacré, aux morts, à Dieu, il est de bon ton parmi les gens éclairés, laïcs, comme il faut, de cracher dessus. L'absence est quelque chose que notre monde ne tolère plus. Peut-être est-ce la raison pour laquelle on dit souvent que le mal le plus répandu du XXIe siècle, pudiquement appelé *burn-out*, serait la dépression.

C'est pourquoi j'aimerais imaginer que, quand nous manifestons pour nos frères emportés par le racisme, nous ne cherchons pas simplement un chemin pour quitter la maison du maître ou pour la démanteler. Nous tissons autre chose. Nous nous adressons à la part de sacré qui sommeille en chacun. L'émotion que nous suscitons n'est pas une compassion humanitaire ou pathétique. Nous touchons des milliers de personnes parce que nous leur offrons ce qui est devenu inaccessible à notre époque : une idée de la communauté. Salie par la notion malveillante de « communautarisme », la communauté n'existe que dans la mesure où la mort d'autrui nous scandalise, nous met hors de nous, c'est-à-dire nous pousse en dehors de notre petite personne. La communauté rend palpable « le service à autrui jusque dans la mort, pour qu'autrui ne se perde pas solitairement[1] ». Depuis là où nous sommes, filles et femmes de l'immigration, nous combattons l'injustice en tissant un lien, politique, social,

---

1. Maurice Blanchot, *La Communauté inavouable*, Paris, Les Éditions de Minuit, 1983, p. 24.

culturel, autour de nos absents, pour ne pas les perdre une seconde fois.

13 piges

Notre combat n'est donc pas une bataille d'idées ou un lobbyisme « anti-flics ». Par les liens que nous tissons entre des partenaires de tous horizons, nous créons un champ de force qui dépasse de loin nos propres capacités. De proche en proche, nous favorisons des pratiques et des sentiments qui se détachent de l'institution policière. Ce fil rouge, qui lie familles de victimes, associations antiracistes, forces politiques et syndicales, médias alternatifs, a beaucoup profité, je le crois, aux Gilets jaunes. Eux aussi ont pu compter sur une communauté capable d'accueillir leurs pertes – morts, éborgnés, amputés. Comment vivre ce déchirement sans cette part de sacré dont j'ai parlé ?

Au-delà, notre lutte à si petite échelle, avec des moyens bien souvent si dérisoires, porte une idée révolutionnaire : nous désignons une autre place pour la communauté que la nation. Notre force est que nous ne le faisons pas par idéologie ni au nom d'une identité (musulmane, arabe, noire, etc.), si importante soit-elle.

Cette idée de la communauté m'a fait entendre son appel par des souvenirs qui reviennent sans cesse, ces moments où je revois mon frère m'envoyer comme des signaux, me demander de l'aide. C'est sans doute cet appel de l'absent en moi-même qui, au lendemain de sa disparition, m'a poussée à demander une autopsie, à porter plainte, à réclamer une enquête, à demander justice et vérité. Pourtant, à l'époque rien ne laissait penser qu'il avait été abattu d'une balle dans le dos. Son cas semblait désespéré. Mais au sein d'une communauté, même les cas désespérés ont droit à reposer en paix.

Le rappeur Kery James a écrit au sujet de mon frère, sans l'avoir connu, un récit aussi bref qu'émouvant de sa destinée. « Incarcéré à 13 piges, le juge l'assassine/ Plus jeune détenu de France son avenir se dessine. / [...] Amine vomit le système, Amine a la rage, Amine finit dans les braquages/ En tout 17 années de placard. » Quand on vit ces années d'enfer, à venir en aide au proche sans pouvoir le tirer du gouffre, à le voir sortir et replonger chaque fois, on finit par se sentir comme coupée en deux, entre le devoir d'aider son propre sang et le sentiment que tout est fichu d'avance. Devant sa « rage », le trouvant sans cesse rattrapé par « ses démons », je l'accompagnais avec perplexité. Le système raciste, l'aveuglement républicain avaient fait de mon propre frère une énigme que seule sa disparition me permet de déchiffrer.

Ces échos du passé m'interpellent sur cette idée de communauté. Au fond, à ses 13 ans Amine recevait une âpre leçon sur la prétendue communauté nationale, quand un juge décidait de tirer un trait sur son avenir. Les années qui ont suivi, il semblait happé d'une aventure à l'autre comme un naufragé est emporté par le courant. Mais au fond il savait. Même si je n'ai cessé d'être à ses côtés, pour le faire sortir, hâter les procédures, le visiter au parloir, je dois bien avouer que je ne le comprenais pas. Pour nous, enfants de l'immigration, tout est fait pour que ces malentendus, ces murs d'incompréhension continuent de déchirer des frères, des sœurs, des familles, des quartiers, au point que les garçons s'entre-tuent pour des histoires de terrain, d'argent, de filles. Alors porter notre combat autour des absents, c'est rétablir un sens de la communauté des nôtres, contre les faux-sens de la communauté d'État, d'une prétendue intégration – rien d'autre en réalité qu'un étouffoir.

En Y

Parmi nos dernières initiatives pour tisser d'autres liens, nous avons très récemment mis sur pied une application, disponible sur Androïd et sur Iphone, pour filmer l'action de la police et permettre que les vidéos soient instantanément enregistrées sur des serveurs. Trop souvent, quand des jeunes sont témoins de violences, ils voient leurs portables confisqués, et effacées les vidéos qu'ils auraient éventuellement pu prendre au cours de l'intervention policière. Ce geste peut sembler dérisoire compte tenu du peu de cas fait par les juges des enregistrements vidéo des témoins ou des victimes. Néanmoins, il y a là un enjeu plus vaste. D'abord, il s'agit de saper la toute-puissance policière là où elle s'exerce en premier : au moment de l'intervention. Jusqu'ici, un policier n'a guère à craindre d'être filmé car, bien que ce soit illégal, ses collègues ou lui-même peuvent confisquer le portable, le détruire ou effacer les images, voire arrêter le cameraman – cela m'est précisément arrivé. Avec notre application, le témoin peut faire savoir immédiatement à ses assaillants que les images ne seront pas perdues, quoi qu'il arrive.

Cette initiative est un prolongement du lien militant qu'a tissé notre page Facebook, « Urgence notre police assassine ». Celle-ci se voit très régulièrement adresser des images d'interpellations violentes, ou de brutalités policières avérées. Ce lien est important, car il renforce la possibilité d'une communauté autour de ces violences. L'application vise à étendre ces liens et les rendre plus féconds : ainsi, en étant directement alertés, en pouvant géolocaliser immédiatement les images, en identifiant les témoins sur le moment, nos équipes juridiques seront à même de traiter plus activement les plaintes potentielles et de se mettre rapidement en contact avec ceux qui ont pris les images.

L'image est ainsi un puissant vecteur communautaire, au sens où je l'entends dans ce texte.

Les images sont en effet le vecteur le plus diffus de la résistance : sur Instagram ou Snapchat, ces images d'arrestation, de brutalité, de *hoggra* policière sont pléthoriques. Au-delà de ces circonstances, la diffusion des smartphones a multiplié l'autodocumentation par les nôtres, dans des lieux parfois désertés par les caméras : prison, quartier, vie de famille. Au-delà de ce qu'elles montrent, souvent de façon anecdotique, ces images dévoilent l'absence de représentation de soi, pour les non-Blancs. Cette absence, cette invisibilité, rend possible ou renforce notre caractère sacrifiable par les forces de l'ordre ou par l'économie.

Pour autant, nous aurions tort de croire que la représentation de soi, sous forme de Noirs, d'Arabes, de musulmans respectables, chanteurs à succès, sportifs, universitaires ou politiques, atténuerait cette invisibilité. Les images dont j'entends accentuer la valeur ont un arrière-fond identitaire, bien entendu, mais là n'est pas l'essentiel. Ces images documentent des lieux, des moments, où nous sommes, d'ordinaire, absents à nous-mêmes. Qu'y a-t-il de commun entre un *snap* de roue arrière au milieu d'une cité, d'une séquence de muscu en promenade ou de violences policières au pied d'un bloc ? Ce qu'il y a de commun, c'est que des politiques urbaines et architecturales ont fait en sorte que ces lieux soient vidés de toute émotion, de toute vie, de toute histoire – en un mot, soient des déserts affectifs. Ces vidéos, qui sont comme des images volées, font de notre quotidien des événements. Les rappeurs qui passent pour frivoles, comme Jul, ont ce génie : ils font sentir comment le vide vient à se peupler d'accidents, d'aventures, d'intrigues et d'amour. L'image la plus évocatrice – et la plus courante – est celle de rues désertes, tout à coup déchirées, foudroyées, par la vitesse, le spectacle et le bruit d'un scooter cabré, « en Y » comme on dit.

En guise de conclusion

Le chemin esquissé ici n'a rien de facile, mais il n'y a pas de raccourci. Nous ne trouverons pas notre salut dans un repli autour de ceux d'entre nous qui ont réussi – même si n'avons aucun mal à dire notre fierté pour eux. Ce qui est arrivé à mon frère m'a appris que nous aimer nous-mêmes, c'est être prêts à défendre l'indéfendable. Voire, que l'expérience communautaire proprement dite ne commence qu'à ce moment-là. Derrière la police et sa fureur, il y a des symboles totalement intouchables (sauf peut-être en période de révolution) comme la justice, la loi, l'économie, qui nous broient dans une indifférence totale. La folie policière n'est rien d'autre qu'une manière d'expulser toute la folie qui anime ces institutions froides et rationnelles. Elle est la faiblesse de ce système et c'est pour cela qu'elle est si protégée.

Pour nous, cette violence est une horreur, un choc traumatisant. Face à elle, nous sommes obligés d'assumer davantage que nous aurions voulu. Le sens de nos vies, de toutes nos relations, est bouleversé. Mais quelque chose se crée autour de nous, de la poignée de familles engagées dans ces combats. C'est que nous honorons ceux qui, aux yeux de l'État, n'obéissent pas aux lois. Ainsi, au-delà des preuves dont nous disposons pour nous défendre, nous avons à remettre en cause la bonne foi des policiers. Ce point est capital. En effet, selon la jurisprudence actuelle autour de la légitime défense, c'est l'appréciation *subjective* de l'agent dont les juges tiennent compte pour évaluer le caractère proportionné d'un geste meurtrier de la part d'un fonctionnaire de police. Soutenir notre combat, c'est forcément s'opposer à la parole des représentants de la loi. Honorer nos absents, c'est faire appel à une autre loi que celle de l'État, une loi non écrite – pour les uns, celle des ancêtres, pour d'autres, celle de Dieu, mais qu'importe. Tel est le sens du slogan « Pas de justice, pas de paix » – il n'est pas certain que la paix dont il est question concerne seulement les vivants.

L'expérience communautaire, le lien que nous tissons, est une ressource précieuse, d'abord pour nous, familles, proches, face à la douleur et à la sidération, mais aussi pour offrir aux autres un chemin de libération. Tout projet de changement radical suppose de se dégager, quotidiennement, de sa propre docilité aux institutions. Cela suppose aussi de repeupler des mondes qu'on s'acharne à décharner pour faire de nous des monstres, ni morts ni vivants. Aussi ne sommes-nous pas seulement là pour dénoncer, mais pour nous donner une mémoire, des rituels de deuil, des anniversaires, pour écrire et raconter nos histoires de vaincus. On ne peut pas se réclamer des exclus, des opprimés, voler au secours de la classe ouvrière ou du « peuple » sans se confronter au vide dont nous souffrons, ni sans s'efforcer, à nos côtés, de repeupler nos déserts.

Fascisme, police et contradiction

par Antonin Bernanos

Quand on s'exprime sur la police, on ne parle jamais de nulle part. Ce texte s'inscrit dans une séquence militante précise, celle du renouveau de l'antifascisme de lutte à Paris et dans sa périphérie. Au cours des dix dernières années, ce mouvement a suscité la rencontre entre les héritiers des groupes de « chasseurs de skins », de (très) jeunes révolutionnaires, des syndicalistes de base et, de façon plus inédite, des ultras de la tribune Auteuil du Paris-Saint-Germain. Si les « antifas » sont connus pour s'être traditionnellement souciés de « tenir la rue » face à l'extrême droite, notre génération a également pris activement part aux luttes sociales : elle s'est trouvée à l'aise tant dans les manifestations interdites contre les bombardements à Gaza et contre l'impérialisme en 2014 qu'aux côtés des familles victimes de violences policières et des habitants des quartiers populaires, et n'a pas hésité à contribuer largement au mouvement contre la loi travail en 2016 ; elle a su se fondre dans des mouvements comme celui des Gilets jaunes ou contre la réforme des retraites. Dans ces différentes luttes, la nouvelle génération antifa a contribué énergiquement aux dynamiques et aux stratégies d'autodéfense face aux attaques répétées de la police contre les grèves, manifestations et contre les habitants des quartiers populaires. Dès lors, si la question policière compte tant dans mon parcours, c'est que le mouvement auquel j'appartiens paie un lourd tribut pour son engagement et sa détermination.

Depuis le meurtre de notre camarade Clément Méric, tué le 5 juin 2013 par des néonazis, la figure de « l'antifa » dans le discours public a progressivement évolué vers celle du casseur, du *black bloc*, un stigmate qui m'a de nombreuses fois porté préjudice. Cette évolution s'inscrit dans un développement de la répression qui a mis l'antifascisme autonome au cœur de la criminalisation des mouvements sociaux. Pour ma part, j'ai ainsi cumulé près d'une quarantaine d'arrestations, 17 inculpations, 9 procès, 2 condamnations, 4 incarcérations, près de 2 ans passés derrière les barreaux, et tout autant en contrôles judiciaires, bracelets électroniques et assignations à résidence. Mon militantisme antifasciste m'a valu d'être inculpé et condamné dans le cadre de deux affaires qui ont défrayé la chronique et qui s'inscrivaient dans deux des mouvements sociaux récents les plus importants.

Poursuivi dans l'affaire du quai de Valmy, après l'incendie d'une voiture de police pendant le mouvement social contre la loi travail, le

18 mai 2016, j'ai été condamné à cinq ans d'emprisonnement. Plus récemment, j'ai été arrêté à la suite d'un affrontement entre des militants d'extrême droite et des militants antifascistes, le 15 avril 2019, en marge du mouvement des Gilets jaunes. Incarcéré pendant plus de six mois en détention provisoire, j'ai été placé sous contrôle judiciaire assorti d'une assignation à résidence en dehors de la région parisienne. Dans ces affaires, les faits qui me sont reprochés ont été commis à l'encontre des deux entités dont les liens m'intéressent ici : la police et le fascisme.

État d'urgence et contre-insurrection

À l'heure où j'écrivais ces lignes, la France était confinée depuis plusieurs semaines en raison de la pandémie de Covid-19 dit « coronavirus ». Le 22 mars 2020, un état d'urgence sanitaire a été décrété, à travers l'instauration d'une « loi d'urgence sanitaire » qui s'inscrit dans la continuité des lois sécuritaires adoptées ces cinq dernières années et qui ont considérablement élargi les prérogatives de la police. La gestion de la crise sanitaire a en réalité servi de prétexte à une nouvelle escalade sécuritaire : démultiplications d'amendes et de verbalisations, déploiement de drones et d'hélicoptères pour surveiller la population, développement du traçage numérique, occupation et quadrillage de l'espace par les forces de l'ordre, et une très nette augmentation des violences policières dans les quartiers populaires. L'incapacité à trouver des masques et à les distribuer, à produire réellement des respirateurs et du gel, à fournir au corps médical les équipements nécessaires pour travailler décemment prouve bien que la seule guerre réellement menée par l'État français a eu pour cible les populations subalternes, et non le virus.

L'état d'urgence n'est pas un fait nouveau. On peut même affirmer qu'il marque le prolongement des guerres coloniales dans la législation et les pratiques d'État en métropole. Née d'abord au moment de l'insurrection algérienne, cette disposition a par la suite servi à neutraliser les partisans ultra-radicalisés de l'Algérie française. Autorisant des interpellations, incarcérations, interrogatoires, internements et assignations à résidence selon des modalités très souples pour la police et les armées, l'état d'urgence a été par la suite réinstauré à l'occasion des révoltes autochtones dans les colonies du Pacifique, puis lors des révoltes des quartiers populaires de 2005, enfin à la suite des attentats de novembre 2015. À cette dernière occasion, l'état d'urgence a permis de réprimer des milliers de musulmans au nom de la lutte contre le terrorisme. Ces mesures ont plus tard été restructurées pour être applicables aux mouvements sociaux « traditionnels ».

L'élargissement de ce dispositif a été tel qu'il a fini par entrer dans le droit commun, permettant la généralisation d'interdictions de manifester et de paraître, ou encore l'utilisation massive de « notes blanches » des services de renseignement au sein des procédures judiciaires, notamment à l'encontre des militants. En revanche, si l'état d'urgence a été restructuré pour s'étendre à l'ensemble de la société, les rapports inégaux au sein du système sécuritaire n'ont pas pour autant été effacés – cette refonte a même renforcé la domination et l'écrasement du prolétariat et des quartiers populaires, laboratoires de la violence d'État.

Ce développement sur l'état d'urgence illustre bien les liens entre la police et le fascisme. À partir de mon expérience de lutte et des travaux importants de deux camarades, Mathieu Rigouste[1] et Valerio Starita[2], j'entends montrer combien fascisme et police forment une relative unité, et s'inscrivent dans un continuum historique et social où ils dépendent l'un de l'autre.

Lorsque l'on retrace l'histoire d'un service de police comme la BAC, qui s'est particulièrement illustrée dans le cadre de la répression des quartiers et des mouvements sociaux, sa genèse

1. Mathieu Rigouste, *La Domination policière*, Paris, La Fabrique, 2012.
2. Militant de l'Action Antifasciste Paris-Banlieue dont le travail reste à paraître, et dont l'une des rares interventions publiques se trouve ici : https://www.youtube.com/watch?v=VsObggwnC1I

« endocoloniale » apparaît de façon éclatante. Ses ancêtres, les BAV, Brigades agression et violence, sont elles-mêmes nées des Brigades de surveillance des Nord-Africains, créées pour réprimer les mouvements de lutte des Algériens lors de la contre-insurrection menée en France et en Algérie. Comme elles, la BAC a été créée spécifiquement pour assurer la répression des quartiers populaires. Formée et dirigée par les anciennes polices coloniales, elle a les mêmes objectifs : être furtive, mobile, active dans la prospection et l'anticipation des délits, et faire le plus d'abattage possible à travers un ciblage raciste. Les quartiers populaires, par l'intermédiaire d'unités comme les BAC ou les Brigades spécialisées de terrain (BST), servent de laboratoires à la répression – quand elles se montrent efficaces, les techniques qui y sont expérimentées finissent par être restructurées et exportées dans la lutte contre les mouvements sociaux. Alors que les policiers infiltrés s'étaient fait expulser des manifestations lors du mouvement contre la loi travail en 2016, de nouvelles polices d'intervention sur le modèle de la BAC ont vu le jour lors du mouvement des Gilets jaunes avec les Détachements d'action rapide (DAR), puis les Brigades de répression de l'action violente (BRAV), recyclant en partie le mode opératoire des voltigeurs qui ont tué Malik Oussekine en 1986.

Cet exemple de généalogie policière fait également écho à la généalogie coloniale du fascisme français. En effet, l'histoire du néofascisme français est avant tout une histoire républicaine, coloniale et militaire. Après 1945, dans le contexte des guerres d'Indochine et d'Algérie notamment, des forces militaro-policières et des groupes d'extrême droite se sont profondément redéployés, puisant dans les ressources militantes et militaires de ces conflits. Cette restructuration trouve une parfaite illustration dans le parcours d'un militant comme Roger Holeindre. Ancien militaire pendant les guerres d'Indochine et d'Algérie, formé et fasciné par la contre-insurrection, il a également été à la tête du « maquis Bonaparte » de l'OAS. Incarcéré puis amnistié, il est par la suite devenu un acteur éminent de la fondation de toute une série d'organisations fascistes et de fronts militants d'extrême droite, se coordonnant auprès d'Occident ou encore de Restauration nationale. En 1972 il est l'initiateur, avec son ami et frère d'armes Jean-Marie Le Pen, du Front national pour l'unité française, qui devient finalement le Front national. On perçoit ici sans mal la continuité entre l'appareil d'État, l'institution policière et le néofascisme français.

Pour étayer encore cette hypothèse, on peut évoquer les épisodes décrits par Mathieu Rigouste au cours desquels des réseaux d'extrême droite se sont organisés au sein de l'institution policière. C'est par exemple le réseau Dides, engagé dans la lutte contre le communisme et le « combat » pour le maintien de l'Algérie française, ou encore le Front de l'Algérie française (FAF), composé de policiers, de militaires et de politiciens allant jusqu'au plus haut sommet de l'État. On peut également citer le SAC, Service d'action civique, une milice du gaullisme qui a servi de courroie de transmission entre l'extrême droite, le banditisme, la police et l'armée, avant de se restructurer autour du MIL, Mouvement initiative et liberté, un réseau toujours très proche du pouvoir, qui est intervenu lors de l'affaire de Tarnac.

En ce qui concerne les années plus récentes, on peut évoquer Honneur de la police – réseau très actif lorsque des milices paraétatiques éliminaient des militants anti-impérialistes[1] – au sein duquel des policiers proches du syndicat Alliance m'ont menacé directement à travers des articles, des lettres anonymes et le dépôt d'une balle de 9 mm dans la boîte aux lettres d'un de mes avocats. D'autres faits récents témoignent que cet enchevêtrement socio-historique entre la police et l'extrême droite est toujours une réalité. L'exemple le plus éloquent actuellement est sans aucun doute fourni par la sociologie électorale qui montre, enquête après enquête, que pas moins de 50 % des

1. Assassinat d'Henri Curiel, militant communiste et anticolonialiste, le 4 mai 1978.

policiers déclarent voter pour le Front national, ce qui laisse penser qu'en réalité une fraction bien plus large de l'institution est concernée par ce vote.

À travers cette histoire conjuguée, on parvient à saisir la convergence objective et subjective qui unit les forces de l'ordre et les forces fascistes dans leur action et leur composition.

La révolution à l'épreuve du fascisme

La généalogie coloniale de l'État français met en évidence l'articulation entre l'appareil d'État, sa police et l'extrême droite organisée. Elle montre également que le fascisme prend des formes diverses, tantôt mobilisé comme instrument répressif, tantôt en conflit avec l'exécutif. Il n'est donc pas inutile de préciser ce que l'on entend par « fascisme » à l'aune d'un des derniers mouvements sociaux d'ampleur, au sein duquel la question de l'extrême droite a été décisive.

Le mouvement des Gilets jaunes a marqué un véritable tournant dans la contestation sociale, si on le compare aux mouvements sociaux traditionnels des années antérieures. Il a représenté une séquence extraordinaire de conflictualité, d'inventivité et de renouvellement des formes de lutte. Ce mouvement a été le fruit d'un surgissement d'importantes fractions du prolétariat et des classes intermédiaires, d'ordinaire à l'écart des cadres de mobilisation – rompant ainsi avec la sociologie classique des mouvements sociaux, qui rassemblent essentiellement la petite bourgeoisie des centres-villes et le prolétariat organisé au sein des syndicats. C'est précisément ce caractère inédit qui en a fait un mouvement au potentiel révolutionnaire, à travers sa conflictualité, son imaginaire et ses pratiques, mais également par sa composition sociale de *masse* et ses contradictions.

S'il est vrai que ce mouvement n'a pas su tisser les alliances nécessaires avec de larges pans des classes populaires, en particulier celles non blanches et précaires des quartiers, il a néanmoins su rallier une large partie de la classe ouvrière déstructurée – celle dont le travail et la condition sociale ne correspondent plus à la forme d'organisation des syndicats existants –, des fractions importantes des classes moyennes de plus en plus précarisées, à la destinée sociale incertaine. La trajectoire de cette mobilisation n'a cependant pas été linéaire. La présence des groupes fascistes et la diffusion réelle de thèses conspirationnistes et antisémites au sein d'importantes franges des Gilets jaunes font apparaître les contradictions complexes qui ont traversé le mouvement.

Dans une lettre écrite alors que j'étais détenu à la maison d'arrêt de la Santé[1], j'ai tenté de

---

1. https://acta.zone/sur-les-gilets-jaunes-letat-et-le-fascisme-lettre-dantonin-bernanos/

mettre en évidence les liens qu'entretiennent les groupes fascistes avec le pouvoir d'État, à travers *Génération Identitaire*. C'est de ce mouvement qu'est issu Antoine Oziol de Pignol, le militant d'extrême droite qui a donné mon identification à la police et provoqué mon incarcération. Dans cette lettre, je rappelais notamment que leurs différentes mobilisations s'inscrivent dans la continuité des politiques racistes et sécuritaires de ces dernières années. Je tentais aussi d'expliquer la présence importante de groupes d'extrême droite au sein des Gilets jaunes, en faisant état de certaines formes de collaboration tacite et de connivence objective avec l'État, illustrée par exemple par la constitution de services d'ordre autoproclamés pour empêcher les débordements. La présence de l'extrême droite agissait ainsi comme « épouvantail du pouvoir », permettant de diffuser la propagande du gouvernement selon laquelle « les Gilets jaunes sont d'extrême droite », à défaut de pouvoir recycler l'ancienne distinction entre bons manifestants et casseurs. La question du fascisme a été centrale au sein du mouvement, justifiant le refus d'une partie du « camp » révolutionnaire d'y participer, et déterminant les stratégies d'intervention de ceux qui avaient choisi de s'y inscrire. Elle mérite donc que l'on s'y attarde.

Pour résumer les enjeux de cette question, il vaut la peine de considérer deux propositions assez simples. D'une part, Saïd Bouamama[1] propose de décrire le fascisme comme une sorte de réserve d'idées et de pratiques entretenues par les classes dominantes, qui y puisent régulièrement. D'autre part, notre réflexion s'inspire de la célèbre formule « algébrique » qui nous vient de Lénine, sur les conditions de la crise révolutionnaire : quand ceux d'en bas ne veulent plus être gouvernés comme avant, quand ceux d'en haut n'arrivent plus à gouverner comme avant, et quand ceux « du milieu » s'apprêtent à basculer du côté de ceux d'en bas. En somme, le déclassement des classes moyennes est un thème central pour penser la crise révolutionnaire aujourd'hui, car c'est l'un des terrains d'affrontement privilégiés entre le fascisme et les forces émancipatrices.

À partir de ces deux idées, on peut mieux saisir les enjeux et les contradictions qui ont travaillé le mouvement des Gilets jaunes. Celui-ci a ainsi incarné une certaine forme de convergence objective entre prolétariat et classes moyennes déclassées. Une forme inaboutie et imparfaite, mais qui a enclenché un dépassement essentiel des formes traditionnelles des mouvements sociaux. Il apparaît donc assez logiquement que ce soit aussi dans ce cadre-ci que l'intervention fasciste ait été la plus poussée. Ainsi la double

---

1. https://www.dailymotion.com/video/xay9mk

stratégie d'intervention de l'État à l'encontre du mouvement, par le biais des violences policières d'une part, et l'instrumentalisation de la présence des groupes et des thèses d'extrême droite d'autre part, a-t-elle été l'un des deux des principaux leviers d'intervention des classes dominantes contre les Gilets jaunes.

L'autonomie policière

Jusqu'ici nous avons tenté d'identifier le rôle de l'institution policière comme courroie de transmission entre les forces fascistes et l'appareil d'État – via les milices, les réseaux ou les groupes d'influence (qui bien souvent entretiennent un lien direct avec l'extrême droite).

Dans l'affaire du quai de Valmy, les syndicats de police occupaient une place centrale, en particulier Alliance, à la fois à l'intérieur et à l'extérieur du processus judiciaire. Ce syndicat proche de l'extrême droite est à l'origine du rassemblement lors duquel se sont déroulés les faits qui m'ont été reprochés. Marion Maréchal-Le Pen et Gilbert Collard étaient notamment présents aux côtés des policiers ce jour-là. Après la contre-manifestation, Alliance s'est immédiatement constitué partie civile et a lancé une campagne aussi bien contre les mis en examen qu'à l'encontre du mouvement social dans son ensemble. Ils furent les premiers à parler de « tentative d'assassinat» et à monter en épingle des faits *a priori* banals, au regard des révoltes de ces dernières années. Alliance a ainsi exercé une pression constante sur le dossier, mobilisant ses contacts auprès du gouvernement et des médias, n'hésitant pas à falsifier des documents et à les diffuser pour démontrer notre supposée culpabilité.

Quelques mois après les faits, où j'ai été incarcéré à Fleury-Mérogis et poursuivi pour tentative d'homicide volontaire à l'encontre de policiers, mon affaire a ressurgi dans les médias – elle était instrumentalisée pour illustrer des «faits de violence» contre la police au sein des mouvements sociaux, ce afin de justifier la colère de l'ensemble de l'institution. Entre octobre et novembre 2016, des policiers ont pris la rue et manifesté contre la haine «anti-flics», la défiance de la justice et la prétendue impunité des auteurs de violences à leur encontre. En quelques jours, les rassemblements de policiers étaient devenus des manifestations sauvages où défilaient plusieurs centaines d'agents, cagoulés et armés en direction des lieux de pouvoir. Très vite, le pouvoir a «cédé» et proposé une loi sur la légitime défense, qui offrait un permis de tuer aux policiers dans les quartiers populaires.

Ces mobilisations policières témoignent que, à l'instar des groupes fascistes, la police est capable d'adopter une forme d'autonomie relative vis-à-vis de l'État. Ce caractère «relatif» se traduit par une contestation maquillée, qui permet d'appuyer l'accroissement des politiques répressives et sécuritaires, et de promulguer des lois renforçant son autonomie et son impunité.

On voit ainsi se dessiner une cohésion relative entre l'État, la police et le fascisme. Il devient donc nécessaire de se défaire d'un certain nombre d'idées, en particulier des hypothèses assez pauvres sur l'instrumentalité ou l'insularité de la police[1]. En réalité, l'institution policière produit sa propre radicalité, contribuant aux dynamiques sécuritaires qui structurent la société. La police s'inscrit dans un processus de fascisation en cours et qui grandit au cœur de l'État. Elle dépasse ainsi sa fonction d'outil répressif aux ordres du gouvernement, en assurant la continuité d'un système dont elle soutient activement l'évolution raciste et sécuritaire.

Sur la nécessité de l'antifascisme

J'ai tenté ici d'examiner les liens entre l'État, la police et le fascisme, en montrant comment ces trois formes de pouvoir capitalistes sont capables de se compléter, de s'unir mais aussi de se dépasser et de se confronter. Cette contradiction, entre interdépendance et autonomie, entre unité et

---

1. Voir par exemple Jean-Paul Brodeur, « La police : mythes et réalités », *Criminologie*, 17(1), 1984, p. 9-41.

rupture, permet de comprendre comment l'État assure et entretient le fascisme sous ses différentes formes : comme plateforme de restructuration, et comme processus d'autonomisation et de radicalisation policière.

La spécificité du fascisme français tient dans son rapport à la police et son lien intrinsèque à l'État. Cet aspect est lié à sa trajectoire spécifique, garante du pouvoir d'État sous le gouvernement de Vichy, puis structurellement refaçonnée par la colonialité. Son rapport structurel à l'État et l'échec relatif des grands mouvements fascistes en France ont contraint ses forces à trouver refuge dans la police, l'armée et tout un ensemble de milices et d'organisations liées à l'appareil d'État. Ce lien constitutif avec l'État entre en contradiction avec son discours et son positionnement public. Le fascisme français, à travers le FN notamment, est capable de formuler des thèses « antibourgeoises » et de se positionner contre une partie des classes dominantes. Une partie du fascisme français s'est opposée à l'État, et plus spécifiquement à la Ve République, à travers le mouvement des Gilets jaunes. Ces éléments-là motivent également un certain nombre de policiers, structurent leur colère et leurs propres organisations. Dans le discours fasciste, il n'est pas rare d'observer des tentatives de rallier ces colères, à la fois « populaires » et policières. Ces deux dimensions finissent assez vite par se montrer contradictoires. Si Marine Le Pen a tenté de faire du mouvement des Gilets jaunes une assise et un tremplin, il n'a pas fallu attendre pour qu'apparaisse un élément de doctrine en conflit avec sa posture de soutien : le respect de l'ordre. Ce paradoxe est profondément ancré dans l'identité du fascisme français. Celui-ci s'est tellement réfugié dans l'État, et s'est tant façonné dans l'ombre du pouvoir, qu'il ne peut pas mener à bien de véritable révolte. La légalité reste son espace naturel.

Dans une telle situation, on ne saurait surestimer l'importance d'un antifascisme conséquent. L'époque actuelle voit s'accélérer les rythmes traditionnels des cycles capitalistes. Le néolibéralisme traverse une véritable crise d'hégémonie, en particulier une difficulté croissante à produire du « consentement », avec une multiplication des mouvements sociaux et des contestations. La crise mondiale du néolibéralisme s'accompagne d'une crise de la Vᵉ République, illustrée par l'amenuisement du bloc social sur lequel s'appuie le gouvernement Macron. En France, on ne compte pas une année sans qu'un mouvement éclate, et à travers le monde pas une semaine sans que des mobilisations massives et conflictuelles ne prennent la rue, partageant le langage commun de l'émeute, qui pose *de facto* la rupture de toutes formes de négociation entre le système et ses adversaires. Dans le même temps, la possibilité du fascisme semble de plus en plus évidente[1]. Le fascisme qui vient se conjugue avec celui qui est déjà là – l'un renforçant l'autre, dans un mouvement commun qui radicalise l'ensemble des champs sociaux.

Il y a un certain nombre d'écueils dans notre camp face à cet enjeu révolutionnaire mondial et à la menace du fascisme. Certains se focalisent sur le danger imminent, rappelant les « heures les plus sombres de l'histoire ». Ils soulignent la montée de l'extrême droite, font l'hypothèse d'un FN victorieux par les urnes, dans la continuité des prises de pouvoir nationalistes en Europe, aux États-Unis ou encore en Brésil. D'autres à l'inverse, fervents adeptes de l'insurrection globale, balayent la question du fascisme au profit de la révolte mondiale, sans prendre en compte les stratégies du capital à l'intérieur de ces dynamiques, et le risque réel qu'impliquent les différentes interventions fascistes à travers le monde.

L'antifascisme autonome réaffirme la nécessité d'une lutte constante sur les différents fronts d'intervention de l'État et de ses auxiliaires – qu'il sévisse depuis son appareil officiel ou officieux, sous ses formes légales ou souterraines. Dire que le danger est à venir constitue une façon d'éviter

1. Ugo Palheta, *La Possibilité du fascisme*, *Paris*, La Découverte, 2018.

de dire qu'il est déjà là. Or le fascisme est actuel, quotidien, banal. Il se décline au jour le jour, intervient et structure la société, dans les institutions et jusque dans nos propres luttes. Que dire d'un État dont la police – institution sur laquelle il s'appuie entre toutes – vote déjà majoritairement pour l'extrême droite, assume une histoire coloniale et raciste, et abat de plus en plus de jeunes hommes dans les quartiers populaires ? Horkheimer disait : « Celui qui ne veut pas parler du capitalisme doit se taire à propos du fascisme. » À nous d'ajouter : « Celui qui ne veut pas parler du fascisme doit se taire à propos du capitalisme. » Et de la même façon nous devons dire à ceux qui ne prennent pas au sérieux la lutte contre la police qu'ils ne peuvent prétendre à une position antifasciste sans faire le jeu de ceux qu'ils prétendent combattre.

La répression que j'ai subie en 2016, avec d'autres, faisait suite à plusieurs semaines d'affrontements avec la police et de débordements continus des cadres existants. Des franges de plus en larges de la jeunesse rejoignaient chaque semaine les rangs du cortège de tête. Même ceux qui criaient initialement « La police avec nous » s'étaient résolus à la nécessité de l'autodéfense populaire, se rangeant derrière les banderoles renforcées, organisant le soin des manifestants blessés, accompagnant les charges pour éjecter la police des cortèges et acclamant la destruction de chaque enseigne symbole du grand capital.

Mais le 18 mai, au-delà de cette fameuse voiture de police brûlée, fut également le moment de l'irruption de collectifs des quartiers populaires au sein du mouvement, avec le collectif Urgence notre police assassine, et l'appel d'Amal Bentounsi à reprendre la place de la République occupée par Alliance.

De la même façon, en 2019, lorsque j'ai été de nouveau incarcéré, il s'agissait de stopper une dynamique antifasciste au sein des Gilets jaunes, qui renforçait son hypothèse révolutionnaire. L'extrême droite, initialement présente, fut chassée par les antifas et les Gilets jaunes antiracistes, après des semaines de batailles internes, où il a fallu composer entre l'autodéfense face à la police et la riposte contre les groupes fascistes. À cette bataille interne s'est ajoutée l'implication dans le mouvement des antifas par le bas, en tant que force assurant une partie de l'autodéfense des mobilisations contre la police, mais également comme composante active d'une politique populaire dans les structures diffuses du mouvement, à travers la participation aux AG, la présence sur les ronds-points et l'organisation d'actions et de blocages tout au long de la lutte. Nous avons décidé de composer avec les contradictions d'un mouvement pris dans un ensemble de paradoxes, qu'il s'agissait pour nous de travailler, de résoudre. Cela s'est en grande partie accompli autour du rapport conflictuel à la police, lorsque des Gilets jaunes, parmi lesquels beaucoup auraient pu se mettre du côté des fascistes, ont fait directement les frais de la violence policière et de la répression d'État. Travaillé par notre intervention, et par la violence même des forces de l'ordre, le conflit avec la police est devenu un potentiel de « défascisation » du mouvement. Au fur et à mesure de son évolution, on a pu entendre les « *Siamo tutti antifascisti* » se diffuser et être repris par tous. Ce travail a permis un ensemble de rencontres essentielles aux luttes en cours : l'union des K-way noirs et des Gilets jaunes, incarné par le soulèvement du 16 mars 2019 sur les Champs-Élysées, la présence des collectifs de quartiers à travers les cortèges du Comité pour Adama, ou encore la jonction de franges syndicales qui rejoignaient les manifestations du samedi, abandonnant les mobilisations stériles et ridicules déposées les mêmes jours à des lieux différents par les centrales. La répression féroce qui a suivi, qui s'est traduite par des milliers d'arrestations, de comparutions immédiates, de condamnations et d'incarcérations, a eu pour but de briser ces alliances. Avec d'autres acteurs de cette séquence, j'ai fini derrière les barreaux.

Mon parcours répressif, celui des antifas parisiens, témoigne d'une trajectoire de lutte qui s'est construite contre le fascisme et structurée contre la police. Au regard de notre expérience, ce parcours contre la police me semble extrêmement important pour comprendre les enjeux des luttes actuelles et les directions qui s'offrent au camp révolutionnaire. On pourrait dire après Althusser que le parti, au sens large, conflictuel et désinstitué du terme, c'est *ce qui organise des rencontres qui durent*. Aujourd'hui, le parcours d'opposition large face à la police est précisément le lieu où ces rencontres peuvent se jouer. Filmer la police, la nommer comme ennemie, répertorier ses exactions, retracer sa généalogie coloniale, examiner ses liens avec le fascisme ou lui tenir tête physiquement sont autant de gestes qui forment un parcours, commun et divers, de *luttes de masse*. C'est à travers ce « tout le monde déteste la police » qui s'est réellement matérialisé au cours de la succession des séquences de lutte que s'est constitué peu à peu cet ensemble de rencontres. Loin de fétichiser l'émeute, pour la beauté du geste ou par principe rituel, nous pensons que la confrontation et l'antagonisme avec la police s'inscrivent dans la patiente construction d'un bloc social subalterne à même d'abattre le bloc bourgeois. Sans être un objectif ou une finalité, cette confrontation nécessaire est un point de départ, à partir duquel des liens se tissent autour de l'autodéfense qui se construit à tous les niveaux, depuis la rue et jusque dans les fronts plus larges contre la répression.

La conjoncture actuelle – qui donne une place centrale à la question du fascisme et à la police – nous force à repenser la question révolutionnaire et à inventer un antifascisme à la hauteur de la situation. L'articulation complexe entre l'État, le fascisme et la police souligne la nécessité de se réemparer de la notion de *contradiction* pour intervenir au sein des luttes contemporaines. Ces contradictions, comme en témoigne l'analyse des rapports fascisme/police, s'inscrivent dans une histoire, une succession de moments, et mettent en évidence le caractère dynamique et mouvant de la situation, la capacité d'intervention qui est la nôtre. En tant que révolutionnaires, notre tâche est donc de parvenir à identifier ces moments-là, porteurs de contradictions, afin de comprendre comment les résoudre ou les travailler. Cette intelligence des contradictions, comme axe d'intervention et comme piste stratégique, nous permettra de construire « ces rencontres qui durent », que les luttes des quartiers populaires, depuis le Mouvement de l'immigration et des banlieues (MIB) jusqu'au Comité pour Adama, ont proposé d'appeler *alliances*. Ce n'est qu'à travers ces alliances, et la consolidation de ce parcours commun, que nous pourrons être à la hauteur de notre époque et construire ensemble les bases de nos victoires communes.

Quelle « violence légitime[1] » ?

par Frédéric Lordon

Ils auront matraqué des personnes âgées, frappé des handicapés en chaise roulante, tiré au LBD sur des ados, agenouillé des classes entières, lancé des grenades à l'intérieur des appartements, tué une vieille dame – et puis bien sûr visé les yeux, lancé les GLI-F4 en cloche, arraché des mains. Ils auront tout fait – la police de Macron. Maintenant la haine de la population est sortie, et elle ne rentrera pas de sitôt dans le tube. Sa légitimité est constituée, entière, incontestable. La population hait la police et personne ne pourra lui dire qu'elle n'a pas raison.

Les violents dans les institutions de la violence

Qu'on trouve surreprésentés des individus violents à l'embauche des institutions de la violence, il ne devrait y avoir là rien pour étonner. Toute la question est celle de savoir ce que les institutions de la violence font de leurs violents. La combinaison de

1. Texte paru en ligne le 14 janvier 2020, « La pompe à phynance », *Le Monde diplomatique*.

la nullité burlesque de Castaner et de la complète étrangeté de Macron au monde réel, associées à la situation du régime ne tenant plus que par la force armée, ont conduit à tout lâcher là où il était impérieux de tout tenir. C'est que la prérogative exorbitante d'exercer la violence ne peut aller sans la contrepartie d'une responsabilité et d'une surveillance exorbitantes. Si le macronisme restera dans l'histoire comme la bascule dans l'État policier, c'est parce qu'à la prérogative exorbitante il aura au contraire ajouté les autorisations exorbitantes : *Faites ce que vous voulez*[1].

Il faut se représenter la décharge biochimique qu'entraîne dans des têtes violentes cette parole à peine murmurée : Faites ce que vous voulez. C'est la décharge de la pulsion à laquelle d'un coup il est donné libre cours. On ne reprend pas facilement le bouillonnement sadique après l'avoir libéré. Chez les sujets dont nous parlons, l'expérience de la licence absolue, comme un *Salò* à ciel ouvert, licence de brutaliser, d'insulter, d'humilier, d'exercer par la violence un pouvoir unilatéral sans borne, puisque l'impunité est devenue une garantie implicite, cette expérience est de celle dont on ne revient pas facilement. La police est partie, et maintenant il va falloir la rattraper.

---

1. Voir Raphaël Kempf, « Le retour des lois scélérates », *Le Monde diplomatique*, janvier 2020.

Le régime avait l'usage mais aussi la garde d'individus potentiellement dangereux, dont il exploitait à ses fins les pulsions ; dans la panique pour sa propre survie, il a tout lâché ; il a maintenant abandonné la société politique à un corps étranger, irrésistiblement pris dans un devenir-milice, qui ne vit plus que d'une vie totalement autocentrée, et totalement préoccupée de ses assouvissements. « Maintenant sous Macron, on a tous les droits. » La police n'a pas besoin de circulaires pour mesurer l'ampleur de ses autorisations[1].

On dit que la répétition des week-ends jaunes « épuise » les policiers, « les prive de leur vie de famille ». Pour certains au moins c'est une énorme blague. Un article du *Canard enchaîné* début 2019 avait mieux restitué la disposition d'esprit policière à l'approche des actes Gilets jaunes : « C'est la fête du slip ». Chez les baqueux, on pousse des cris de jungle[2] à chaque impact de LBD. Partout ça jouit à en hurler de bonheur. On pense à ce CRS interviewé dans « La Série documentaire » de France Culture consacrée à la police : « Je suis chanceux, chanceux, vous ne pouvez pas savoir à quel point je remercie, tous les jours en allant au travail, je dis merci, merci, merci[3]. » La jouissance

1. Voir le post Facebook du groupe militant Libertat du 14 janvier 2020.
2. Voir le tweet de Lorentz Mathias du 14 janvier 2020.
3. Johanna Bedeau et Angélique Tibau, « Police, jamais sans mon arme » épisode 1, le 7 octobre 2019, « La Série documentaire », France Culture.

a saisi les corps : on se souvient du bonheur physique d'un des CRS gazeurs de jeunes écolos sur le pont Sully cet été, impérial, poivreuse en main, parfaite décontraction, totale certitude d'un pouvoir sans limite. C'est le même corps exultant de violence qui jouit à littéralement détruire une femme syndicaliste dans la manifestation du 9 janvier.

Mais l'on sait à quel niveau l'on est descendu quand c'est le moins pire qui est presque le pire : ainsi de ce croche-patte d'un CRS à une femme à peine arrêtée, sans doute objectivement moins violent qu'un œil crevé, et pourtant tréfonds d'ignominie qui dit tout de la position psychique présente de la police. Et de sa déchéance morale plus encore : ces gens sont sans honneur, sans dignité, sans face. Ils sont hors tout, et c'est à eux qu'on a donné les armes. Cet été, aux Rencontres d'Eymoutiers, un Gilet jaune, la tranquillité de la classe moyenne en personne, racontait comment, pour protéger sa femme de la violence policière, il s'était interposé, *donc* retrouvé en garde à vue, et entendu dire : « Elle est belle ta fille, il ne faudrait pas qu'il lui arrive quelque chose. » La police française est dans la fange.

L'effondrement des forces de rappel

L'est-elle toute ? On veut bien croire qu'il reste dans l'institution quelques atterrés de l'intérieur, mais à l'évidence minoritaires, et, à de rarissimes exceptions près, réduits au silence. C'est que la catastrophe se mesure maintenant à ce qu'on entend « dans les étages », quand on remonte dans la hiérarchie, là où normalement devraient se faire connaître les forces de rappel. Et où tout a cédé identiquement. On pense notamment, si l'on peut appeler ça « les étages »…, à ces syndicalistes policiers, illustration parfaite de la vie autocentrée de ce corps, coupé de tout le reste de la société, muré dans le déni massif et l'autojustification acharnée, à l'image du secrétaire d'Unité SGP Police FO qui, après l'acte Gilets jaunes du 11 février où un manifestant (de plus) avait eu une main arrachée, eut pour tout commentaire : « J'ai envie de dire, c'est bien fait pour sa gueule[1]. » On pense aussi à ces syndicalistes qui, sur les réseaux sociaux, font ouvertement la chasse aux journalistes qui rendent compte de leurs exactions, Gaspard Glanz et Taha Bouhafs entre autres, pionniers les plus courageux et les plus exposés, mais sans que la vindicte policière s'arrête désormais aux « journalistes indépendants » (en fait des journalistes tout court), puisqu'elle s'en prend maintenant tout aussi agressivement aux journalistes de la presse *mainstream*.

---

1. Extrait vidéo disponible sur la chaîne YouTube « Le député du jour » depuis le 12 février 2019.

Voilà pour le « premier étage ». Mais plus on monte, moins on trouve ce qu'on espérerait trouver. C'est un commissaire qui a poussé à l'intervention où Steve a trouvé la mort[1]. C'est un autre commissaire qui, avec le recul, ne voit rien à redire à la manœuvre de ses troupes qui ont mis des dizaines de lycéens à genoux mains sur la tête à Mantes-la-Jolie. L'image a stupéfié le monde, mais lui ne voit aucun problème, et si c'était à refaire… Voilà le message glaçant : ces gens sont prêts à tout faire, et à tout *re*faire. Il n'y a plus rien en eux, même pas la force de résonance historique d'une image, qui puisse frayer son chemin jusqu'à un reliquat de conscience morale, susciter la moindre reprise, un début d'hésitation devant l'ampleur symbolique des actes qu'ils commandent, et endossent. Sur le terrain on jouit, dans les étages on pense qu'on est bien fondé.

Les confirmations, comme la pourriture du poisson, venant toujours par la tête, le plus effrayant est à situer tout en haut. Dans le bureau du préfet de police de Paris, il y a un individu comme on n'en avait pas vu depuis Papon – rappel que l'histoire ne passe jamais complètement. L'opinion ne s'y trompe pas quand tous les faits, gestes, attitudes, dégaines, rictus, sourires du préfet Lallement la renvoient irrésistiblement à

---

1. Frédéric Lordon, « Où est Steve ? (Et où va la police) », les blogs du « diplo » La pompe à phynance, 15 juillet 2019.

des évocations de l'Occupation, c'est-à-dire génériquement à une époque sommet de la violence pulsionnelle d'institution. Le sentiment de licence est tel que l'usuelle limitation de l'expression au registre corporel, protectrice puisqu'on ne peut rien lui faire dire *formellement*, a cédé à son tour, et livré passage à l'explicite : « nous ne sommes pas dans le même camp », « les partis contestataires ». Tout le monde maintenant, sauf peut-être Anne Sinclair, connaît les propos du préfet Lallement. Là où d'habitude c'est le *black bloc* qui défonce, ici la ruine de la vitrine aura été autoadministrée. En deux phrases confirmant tous les sourires tordus, la fiction de « la police gardienne de l'ordre républicain » a volé en éclats.

Au vrai, on ne sait plus trop quoi faire depuis longtemps de ces signifiants, « république », « républicain », dont le seul usage résiduel pertinent est peut-être à trouver dans le fait qu'ils demeurent, envers et contre tout, opératoires dans certaines têtes, médiatiques notamment, où ils peuvent encore faire levier pour prendre conscience, par différence, de l'état actuel de la police : devenue milice hors de contrôle, elle a logiquement cessé d'être « républicaine ». Un préfet qui pense par « camps » et traque les « partis contestataires » est tout ce qu'on veut sauf « la république ». Pour tous ceux qui continuent de croire à la fiction de la « république », il devrait y avoir au moins là l'occasion formelle de constater ce que le chef de la police a fait de leur idéal : un débris piétiné dans un sourire à faire peur.

De la « violence légitime »…

Il reste cependant une différence entre le « bas » et le « haut ». Si « en bas » on cogne en silence (ou bien par cris), « en haut » on fait des phrases. Une surtout : « le-monopole-de-la-violence-légitime ». Tragique destin de l'œuvre de Max Weber, réduite à l'état de grumeaux de pensée Sciences-Po, pathétiquement mâchonnés par des hauts fonctionnaires ou des éditocrates sans esprit. Par des hommes politiques aussi, et pas des moindres – mais ils sortent souvent des mêmes fermes d'élevage. De Lallement, Morvan (ex-DGPN), Jullien (directrice IGPN) à Macron et Philippe (mais sans passer par Castaner dont le grelot ne rend du son qu'agité au « Macumba »), c'est la même idée obstinée, le même entêtement buté, dernier rempart justificateur à quoi il faut impérativement tout accrocher pour que tout ne sombre pas dans l'indignité *pure*. « L'État détient le monopole de la violence légitime. » Il s'ensuit 1) que toute autre violence est illégitime et 2) que la violence d'État n'est jamais illégitime – puisqu'elle est légitime. On en est là de la « réflexion »… Alors il *ne peut pas* y avoir de « violence policière », puisque la police *est* l'État et que la violence d'État est légitime. Voilà le fond de casserole incrusté, qui sert de pensée à ces individus.

On peine pourtant à croire que quiconque puisse voir un argument sérieux dans une pure pétition de principe, démonstration entièrement circulaire qui présuppose ce à quoi elle veut aboutir. Et qui, d'évidence, ne comprend rien à ce que c'est que la légitimité. C'est que la légitimité n'est pas une propriété substantielle, qui se transporterait dans le temps comme ça, inaltérée, acquise une fois pour toutes. La réalité est tout autre : on est légitime… tant qu'on est reconnu comme légitime. Tel est le fin mot de la légitimité : elle n'est qu'un effet d'opinion, une circularité, certes, mais qui doit être impérativement soutenue par la croyance collective – et pas juste par un simple décret. Si bien que la légitimité ne dure que ce que dure la reconnaissance. Et pas une seconde de plus. Si la croyance collective est détruite, la légitimité est détruite à son tour. Or les croyances et les opinions n'attendent pas les délais réglementaires de cinq ans pour se réviser, elles évoluent avec ce qu'elles ont sous les yeux. Et avec ce que le macronisme leur a donné à voir en deux ans, c'est peu dire qu'elles sont parties ailleurs.

Pendant ce temps les hommes de pouvoir et leurs valets de pied intellectuels continuent de tenir l'attribution électorale du pouvoir comme l'unique brevet de légitimité, intangible, valable sans autre condition pour la durée du terme. Le pouvoir – à l'image de sa police – peut donc *faire ce qu'il veut*, sans que sa « légitimité » n'en souffre la moindre altération[1]. Aussi toute contestation en légitimité est-elle systématiquement écartée par l'argument électoral : « il a été élu dans les formes, il est légitime ». Mais l'élection n'est qu'une procédure, l'un des éléments seulement auxquels s'accroche la croyance en la légitimité – du reste une procédure aux propriétés légitimatrices abyssalement décroissantes, sauf dans l'esprit de la minorité de tête d'épingle qui y croit encore. Et seuls des demi-débiles pour chaînes d'information en continu peuvent s'entêter dans un raisonnement aussi défectueux, du reste ridiculisé par l'histoire – ou alors il faudra considérer comme illégitimes tous ceux qui, en Allemagne, ont contesté le pouvoir du chancelier Hitler (au passage : marche aussi pour ceux qui, en Russie, contesteraient celui de Poutine).

L'État ne peut donc dire sa violence légitime… qu'à la condition de se maintenir dans la reconnaissance comme légitime. Or ni le gouvernement qui en ce moment incarne l'État ni la police qui en est le bras armé permanent, mais désormais dévoyée au-delà de la honte, ne peuvent plus soutenir cette prétention. Qui ne se suffit pas d'une phrase sortie en bouillie d'un cours de

1. Voir également Vincent Sizaire, « Libertés publiques sous la matraque », *Le Monde diplomatique*, avril 2019.

Sciences-Po ni même de la seule forme de l'élection, mais se rejuge en permanence dans les têtes, à des actes.

Qui est légitime ?

Les fanatiques du « monopole de la violence légitime » vont bientôt avoir l'occasion de se rendre compte de leur erreur. Car la croyance collective est en train de se déplacer. Y compris dans ses composantes les plus inertes, les plus rivées à l'ordre, les moins capables de révision : les médias *mainstream*. *Le Monde*, l'organe directeur des consciences de la bourgeoisie poseuse, avait commencé depuis cet été à travailler sérieusement sur des cas de violences policières – fort bien au demeurant. Avec une sage lenteur, l'éditorial[1] fait accéder ces articles au stade de la généralité. Il aura tout de même fallu une année entière pour que le-journal-de-référence finisse par tomber les peaux de saucisson, et se montre à la hauteur de son « devoir d'informer » – un an ! Et ceci en n'étant toujours pas capable d'articuler la conclusion politique qui s'ensuit pourtant : en France, *le droit politique fondamental en quoi consiste de manifester dans la sûreté a été détruit*. En France,

1. Éditorial, *Le Monde*,
11 janvier 2020.

il n'est plus possible de manifester sans mettre en péril son intégrité physique, et même jusqu'à sa vie ! On attend toujours qu'un grand média soit capable de dire cet état de fait accablant, qui ramène le gargarisme démocratique des « élites » à une bouffonnerie, et la prétention d'incarner « le libéralisme » contre « l'illibéralisme » des Orban & co à un motif d'hilarité.

À voir le tweet, lui aussi hilarant, d'Anne Sinclair, scandalisée par la vidéo du croche-patte policier[1], on prend, juste après avoir ri, vertigineusement conscience de l'état de séparation sociologique dans lequel elle vit, et ses semblables prescripteurs avec elle. « Cette vidéo sur laquelle je tombe par hasard, si elle est authentique, est hallucinante et scandaleuse… » Il aura donc fallu « le hasard », en janvier *2020*, pour qu'Anne Sinclair entr'aperçoive ce dont la police est capable. On en conclut que, depuis un an, un an d'éborgnements, de mutilations, de matraquages, elle *n'avait rien vu*. L'éditorialiste du *Monde* sans doute, lui non plus, n'avait rien vu. Dans son cas, il aura probablement fallu que ses journalistes, eux-mêmes secoués par David Dufresne, aillent en manif « pour voir », en reviennent effarés, et lui racontent, pour que l'idée commence à faire son chemin dans son esprit, et débouche – au bout d'un an. Alors on comprend

---

1. Tweet d'Anne Sinclair du 11 janvier 2020.

comment marche « la presse démocratique », et l'on comprend l'invisibilisation massive dont les violences policières ont si longtemps fait l'objet. Ce que les médias ne voient pas, cela n'existe pas – or ils ne voyaient pas…

Mais la force de frappe des réseaux sociaux, la ténacité de quelques journalistes hors système ont fini par faire craquer la carapace de cécité et de silence. On « en parle ». Certes toujours sans en donner le sens politique déplié, ni en tirer quelque conséquence – comme prendre la tête d'une *alarme*, ainsi qu'il reviendrait normalement à une presse un peu démocratique. Mais « on en parle ». Et petit à petit les donneurs de leçons commencent à rejoindre l'opinion commune – pour sa part, formée depuis décembre 2018, et comme toujours bien en avance sur eux… Alors peut-être les leçons données vont-elles changer de tonalité, de destinataire aussi. Et (re)découvrir, enfin, les avis atterrés des instances internationales, pour qui il y a déjà un moment que la légitimité de « la violence légitime » est sérieusement en question.

Pendant ce temps, Macron continue son soliloque halluciné. « La haine, la violence et l'irrespect, on a le droit de le faire dans une dictature[1] », phrase tout à fait étonnante en soi, qu'il faudrait

1. Intervention d'Emmanuel Macron mise en ligne par BFMTV le 10 janvier 2020.

soumettre simultanément à des linguistes et des politologues, dont il ne voit pas en tout cas que, projectivement, elle ne parle que de lui, de son gouvernement, de sa police et du régime dans lequel il est en train de nous faire entrer. Avec la démolition pure et simple du langage[1], le renversement projectif est l'une des propriétés les plus inconscientes et les plus systématiques de la langue macronienne. Dont la vérité d'à peu près tous les énoncés peut être restaurée par la simple opération de la mise sens dessus dessous. Ainsi l'obsession pour les « radicalisés » et la « radicalisation » est-elle le reflet inversé d'un bloc de pouvoir qui, depuis ses sommets gouvernementaux jusqu'à ses trolls, a franchi tous les caps de la radicalisation – dont la rage à imposer au corps social qui n'en veut pas une réforme entièrement taillée d'après les intérêts de la finance n'est jamais que la dernière illustration.

De même la fixation sur le terrorisme externe est-elle devenue l'opportunité d'un terrorisme interne – d'État. Un ancien de la préfectorale, ayant eu à connaître des opérations de maintien de l'ordre, était dans la rue le 9 janvier ; interrogé par « Arrêt sur images[2] », c'est lui qui, entre autres

---

1. Frédéric Lordon, « Le moment Potemkine », les blogs du « diplo » La pompe à phynance, 13 décembre 2019.
2. Tony Le Pennec, Loris Guémart, Manifestation du 9 janvier, « le but était de terroriser », Arrêt sur images, 10 janvier 2020.

sauvageries, a filmé le tir de LBD à bout portant. On n'a pas exactement affaire à un ennemi des institutions. Qui n'en raconte pas moins que, traumatisé par ce qu'il a vu, il doit s'asseoir en pleurs sur le trottoir. Puis livre le fin mot de l'affaire : « Le but était de terroriser. » Terrorisme extérieur, terrorisme intérieur[1]…

C'est qu'à un moment il faut bien prendre les mots au sérieux, et les décoller de leurs usages habituels où les pouvoirs aiment les enfermer. « Sont interdits les actes ou les menaces de violence dont le but principal est de répandre la terreur parmi les populations civiles », indiquent à propos du terrorisme les protocoles additionnels de la Convention de Genève. On cherche ce qui dans l'entreprise *systématique* menée à grande échelle par la police et le gouvernement, entreprise d'intimidation, d'effroi et de découragement par la menace physique de l'exercice normal des droits politiques fondamentaux, ne tombe pas sous cette définition. Et pour tout dire, on ne trouve pas. Qui sont les radicalisés ? Qui sont les criminels ? Qui sont ceux qui terrorisent ?

Et qui est légitime ?

---

1. Lire aussi Pierre Rimbert, « Radicalisation, le mot qui tue », *Le Monde diplomatique*, février 2017.

Biographies

Amal Bentounsi est la fondatrice du collectif Urgence notre police assassine.
Antonin Bernanos est militant à l'Action Antifasciste Paris-Banlieue. Il a été poursuivi et incarcéré dans plusieurs affaires liées aux mouvements sociaux et à l'antifascisme.
Julien Coupat, mauvais client de l'antiterrorisme.
David Dufresne est écrivain, réalisateur et tenancier des signalements « Allô place Beauvau » sur Twitter.
Eric Hazan est éditeur.
Frédéric Lordon est économiste et philosophe.

Chez le même éditeur

Giorgio Agamben, Alain Badiou, Daniel Bensaïd, Wendy Brown, Jean-Luc Nancy, Jacques Rancière, Kristin Ross, Slavoj Žižek, *Démocratie, dans quel état ?*

Tariq Ali, *Obama s'en va-t-en guerre.*

Zahra Ali (dir.), *Féminismes islamiques.*

Grey Anderson, *La guerre civile en France, 1958-1962. Du coup d'État gaulliste à la fin de l'OAS.*

Sophie Aouillé, Pierre Bruno, Franck Chaumon, Guy Lérès, Michel Plon, Erik Porge, *Manifeste pour la psychanalyse.*

Bernard Aspe, *L'instant d'après. Projectiles pour une politique à l'état naissant.*

Éric Aunoble, *La Révolution russe, une histoire française. Lectures et représentations depuis 1917.*

Alain Badiou, *Petit panthéon portatif.*

Alain Badiou, *L'aventure de la philosophie française.*

Alain Badiou, *Petrograd, Shanghai. Les deux révolutions du XXe siècle.*

Alain Badiou & Eric Hazan, *L'antisémitisme partout. Aujourd'hui en France.*

Alain Badiou, Pierre Bourdieu, Judith Butler, Georges Didi-Huberman, Sadri Khiari, Jacques Rancière, *Qu'est-ce qu'un peuple ?*

Jean-Christophe Bailly, Jean-Marie Gleize, Christophe Hanna, Hugues Jallon, Manuel Joseph, Jacques-Henri Michot, Yves Pagès, Véronique Pittolo, Nathalie Quintane, *« Toi aussi, tu as des armes. » Poésie & politique.*

Moustapha Barghouti, *Rester sur la montagne. Entretiens sur la Palestine avec Eric Hazan.*

Omar Barghouti, *Boycott, désinvestissement, sanctions. BDS contre l'apartheid et l'occupation de la Palestine.*

Marc Belissa & Yannick Bosc, *Le Directoire. La république sans la démocratie.*

Mathieu Bellahsen, *La santé mentale. Vers un bonheur sous contrôle.*

Sous la direction de Omar Benderra, François Gèze, Rafik Lebdjaoui et Salima Mellah, *Hirak en Algérie. L'invention d'un soulèvement.*

Walter Benjamin, *Essais sur Brecht.*

Walter Benjamin, *Baudelaire*. Édition établie par Giorgio Agamben, Barbara Chitussi et Clemens-Carl Härle.

Daniel Bensaïd, *Les dépossédés. Karl Marx, les voleurs de bois et le droit des pauvres.*

Daniel Bensaïd, *Tout est encore possible.* Entretiens avec Fred Hilgemann.

Amal Bentounsi, Antonin Bernanos, Julien Coupat, David Dufresne, Eric Hazan, Frédéric Lordon, *Police.*

Marc Bernard, *Faire front. Les*

journées ouvrières des 9 et 12 février 1934. Introduction de Laurent Lévy.

Jacques Bidet, *Foucault avec Marx*.

Bertrand Binoche, *« Écrasez l'infâme ! » Philosopher à l'âge des Lumières*.

Ian H. Birchall, *Sartre et l'extrême gauche française. Cinquante ans de relations tumultueuses*.

Auguste Blanqui, *Maintenant, il faut des armes*. Textes présentés par Dominique Le Nuz.

Félix Boggio Éwangé-Épée & Stella Magliani-Belkacem, *Les féministes blanches et l'empire*.

Bruno Bosteels, *Alain Badiou, une trajectoire polémique*.

Houria Bouteldja, *Les Blancs, les Juifs et nous. Vers une politique de l'amour révolutionnaire*.

Alain Brossat, *Pour en finir avec la prison*.

Philippe Buonarroti, *Conspiration pour l'égalité dite de Babeuf*. Présentation de Sabrina Berkane.

Pilar Calveiro, *Pouvoir et disparition. Les camps de concentration en Argentine*.

Laurent Cauwet, *La domestication de l'art. Politique et mécénat*.

Grégoire Chamayou, *Les chasses à l'homme*.

Grégoire Chamayou, *Théorie du drone*.

Grégoire Chamayou, *La société ingouvernable. Une généalogie du libéralisme autoritaire*.

Louis Chevalier, *Montmartre du plaisir et du crime*. Préface d'Eric Hazan.

Ismahane Chouder, Malika Latrèche, Pierre Tevanian, *Les filles voilées parlent*.

George Ciccariello-Maher, *La révolution au Venezuela. Une histoire populaire*.

Cimade, *Votre voisin n'a pas de papiers. Paroles d'étrangers*.

Julien Cohen-Lacassagne, *Berbères juifs. L'émergence du monothéisme en Afrique du Nord*. Préface de Shlomo Sand.

Comité invisible, *À nos amis*.

Comité invisible, *L'insurrection qui vient*.

Comité invisible, *Maintenant*.

Angela Davis, *Une lutte sans trêve*. Textes réunis par Frank Barat.

Joseph Déjacque, *À bas les chefs ! Écrits libertaires*. Présenté par Thomas Bouchet.

Christine Delphy, *Classer, dominer. Qui sont les « autres » ?*

Alain Deneault, *Offshore. Paradis fiscaux et souveraineté criminelle*.

Raymond Depardon, *Images politiques*.

Raymond Depardon *Le désert, allers et retours*. Propos recueillis par Eric Hazan

Yann Diener, *On agite un enfant. L'État, les psychothérapeutes et les psychotropes*.

Cédric Durand (coord.), *En finir avec l'Europe*.

Dominique Eddé, *Edward Said, le roman de sa pensée*

Éric Fassin, Carine Fouteau, Serge Guichard, Aurélie Windels, *Roms & riverains. Une politique municipale de la race.*

Jean-Pierre Faye, Michèle Cohen-Halimi, *L'histoire cachée du nihilisme. Jacobi, Dostoïevski, Heidegger, Nietzsche.*

Silvia Federici, *Le capitalisme patriarcal.*

Norman G. Finkelstein, *L'industrie de l'holocauste. Réflexions sur l'exploitation de la souffrance des Juifs.*

Joëlle Fontaine, *De la résistance à la guerre civile en Grèce. 1941-1946.*

Charles Fourier, *Vers une enfance majeure.* Textes présentés par René Schérer.

Françoise Fromonot, *La comédie des Halles. Décor et mise en scène.*

Isabelle Garo, *L'idéologie ou la pensée embarquée.*

Gabriel Gauny, *Le philosophe plébéien.* Textes rassemblés et présentés par Jacques Rancière.

Antonio Gramsci, *Guerre de mouvement et guerre de position.* Textes choisis et présentés par Razmig Keucheyan.

Christophe Granger, *La destruction de l'université française.*

Daniel Guérin, *Autobiographie de jeunesse. D'une dissidence sexuelle au socialisme.*

Chris Harman, *La révolution allemande 1918-1923*

Amira Hass, *Boire la mer à Gaza, chroniques 1993-1996.*

Eric Hazan, *Chronique de la guerre civile.*

Eric Hazan, *Notes sur l'occupation. Naplouse, Kalkilyia, Hébron.*

Eric Hazan, *Paris sous tension.*

Eric Hazan, *Une histoire de la Révolution française.*

Eric Hazan & Eyal Sivan, *Un État commun. Entre le Jourdain et la mer.*

Eric Hazan & Kamo, *Premières mesures révolutionnaires.*

Eric Hazan, *La dynamique de la révolte. Sur des insurrections passées et d'autres à venir.*

Eric Hazan, *Pour aboutir à un livre.* Entretiens avec Ernest Moret.

Eric Hazan, *À travers les lignes. Textes politiques.*

Eric Hazan, *Balzac, Paris.*

Henri Heine, *Lutèce. Lettres sur la vie politique, artistique et sociale de la France.* Présentation de Patricia Baudoin.

Victor Hugo, *Histoire d'un crime.* Préface de Jean-Marc Hovasse, notes et notice de Guy Rosa.

Hongsheng Jiang, *La Commune de Shanghai et la Commune de Paris.*

Raphaël Kempf, *Ennemis d'État. Les lois scélérates des anarchistes aux terroristes.*

Sadri Khiari, *La contre-révolution coloniale en France. De de Gaulle à Sarkozy.*

Stathis Kouvélakis, *Philosophie et révolution. De Kant à Marx.*

Georges Labica, *Robespierre. Une politique de la philosophie.* Préface de Thierry Labica.

Yitzhak Laor, *Le nouveau philosémitisme européen et le « camp de la paix » en Israël.*

Henri Lefebvre, *La proclamation de la Commune. 26 mars 1871.*

Lénine, *L'État et la révolution.*

Mathieu Léonard, *L'émancipation des travailleurs. Une histoire de la Première Internationale.*

Gideon Levy, *Gaza. Articles pour Haaretz, 2006-2009.*

Laurent Lévy, *« La gauche », les Noirs et les Arabes.*

Frédéric Lordon, *Capitalisme, désir et servitude. Marx et Spinoza.*

Frédéric Lordon, *Imperium. Structures et affects des corps politiques.*

Frédéric Lordon, *Vivre sans ? Institutions, police, argent, travail.* Conversation avec Félix Boggio Éwanjé-Épée.

Herbert R. Lottman, *La chute de Paris, 14 juin 1940.*

Pierre Macherey, *De Canguilhem à Foucault. La force des normes.*

Pierre Macherey, *La parole universitaire.*

Gilles Magniont & Yann Fastier, *Avec la langue. Chroniques du « Matricule des anges ».*

Andreas Malm, *L'anthropocène contre l'histoire. Le réchauffement climatique à l'ère du capital.*

Andreas Malm, *Comment saboter un pipeline.*

Andreas Malm, *La chauve-souris et le capital. Stratégie pour l'urgence chronique.*

Karl Marx, *Sur la question juive.* Présenté par Daniel Bensaïd.

Karl Marx & Friedrich Engels, *Inventer l'inconnu. Textes et correspondance autour de la Commune.* Précédé de « Politique de Marx » par Daniel Bensaïd.

Albert Mathiez, *La réaction thermidorienne.* Présentation de Yannick Bosc et Florence Gauthier.

Louis Ménard, *Prologue d'une révolution (fév.-juin 1848).* Présenté par Maurizio Gribaudi.

Natacha Michel, *Le roman de la politique.*

Jean-Yves Mollier, *Une autre histoire de l'édition française.*

Marie José Mondzain, *K. comme Kolonie. Kafka et la décolonisation de l'imaginaire.*

Elfriede Müller & Alexander Ruoff, *Le polar français. Crime et histoire.*

Alain Naze, *Manifeste contre la normalisation gay.*

Olivier Neveux, *Contre le théâtre politique.*

Dolf Oehler, *Juin 1848, le spleen contre l'oubli. Baudelaire, Flaubert, Heine, Herzen, Marx.*

Ilan Pappé, *La guerre de 1948 en Palestine. Aux origines du conflit israélo-arabe.*

François Pardigon, *Épisodes des journées de juin 1848.*

La Parisienne Libérée, *Le nucléaire, c'est fini.*

Karine Parrot, *Carte blanche. L'État contre les étrangers.*

Nathalie Quintane, *Les années 10.*

Nathalie Quintane, *Ultra-Proust. Une lecture de Proust, Baudelaire, Nerval.*

Alexander Rabinowitch, *Les bolcheviks prennent le pouvoir. La révolution de 1917 à Petrograd.*

Jacques Rancière, *Le partage du sensible. Esthétique et politique.*

Jacques Rancière, *Le destin des images.*

Jacques Rancière, *La haine de la démocratie.*

Jacques Rancière, *Le spectateur émancipé.*

Jacques Rancière, *Moments politiques. Interventions 1977-2009.*

Jacques Rancière, *Les écarts du cinéma.*

Jacques Rancière, *La leçon d'Althusser.*

Jacques Rancière, *Le fil perdu. Essais sur la fiction moderne.*

Jacques Rancière, *En quel temps vivons-nous ? Conversation avec Eric hazan.*

Jacques Rancière, *Les temps modernes. Art, temps, politique.*

Jacques Rancière, *Le temps du paysage. Aux origines de la révolution esthétique.*

Textes rassemblés par J. Rancière & A. Faure, *La parole ouvrière 1830-1851.*

Amnon Raz-Krakotzkin, *Exil et souveraineté. Judaïsme, sionisme et pensée binationale.*

Tanya Reinhart, *Détruire la Palestine, ou comment terminer la guerre de 1948.*

Tanya Reinhart, *L'héritage de Sharon. Détruire la Palestine, suite.*

Mathieu Rigouste, *La domination policière. Une violence industrielle.*

Robespierre, *Pour le bonheur et pour la liberté. Discours choisis.*

Paul Rocher, *Gazer, mutiler, soumettre. Politique de l'arme non létale.*

Kristin Ross, *L'imaginaire de la Commune.*

Julie Roux, *Inévitablement (après l'école).*

Christian Ruby, *L'interruption. Jacques Rancière et le politique.*

Alain Rustenholz, *De la banlieue rouge au Grand Paris. D'Ivry à Clichy et de Saint-Ouen à Charenton.*

Malise Ruthven, *L'Arabie des Saoud. Wahhabisme, violence et corruption.*

Gilles Sainati & Ulrich Schalchli, *La décadence sécuritaire.*

Julien Salingue, *La Palestine des ONG. Entre résistance et collaboration.*

Thierry Schaffauser, *Les luttes des putes.*

André Schiffrin, *L'édition sans éditeurs.*

André Schiffrin, *Le contrôle de la parole. L'édition sans éditeurs, suite.*

André Schiffrin, *L'argent et les mots.*

Ivan Segré, *Judaïsme et révolution.*

Ivan Segré, *Le manteau de Spinoza. Pour une éthique hors la Loi.*

Ella Shohat, *Le sionisme du point de vue de ses victimes juives. Les juifs orientaux en Israël.*

Eyal Sivan & Armelle Laborie, *Un boycott légitime. Pour le BDS universitaire et culturel d'Israël.*

Jean Stern, *Les patrons de la presse nationale. Tous mauvais.*

Marcello Tarì, *Autonomie ! Italie, les années 1970.*

N'gugi wa Thiong'o, *Décoloniser l'esprit.*

E.P. Thompson, *Temps, discipline du travail et capitalisme industriel.*

Tiqqun, *Théorie du Bloom.*

Tiqqun, *Contributions à la guerre en cours.*

Tiqqun, *Tout a failli, vive le communisme !*

Alberto Toscano, *Le fanatisme. Modes d'emploi.*

Enzo Traverso, *La violence nazie, une généalogie européenne.*

Enzo Traverso, *Le passé : modes d'emploi. Histoire, mémoire, politique.*

Françoise Vergès, *Un féminisme décolonial.*

Louis-René Villermé, *La mortalité dans les divers quartiers de Paris.*

Sophie Wahnich, *La liberté ou la mort. Essai sur la Terreur et le terrorisme.*

Michel Warschawski (dir.), *La révolution sioniste est morte. Voix israéliennes contre l'occupation, 1967-2007.*

Michel Warschawski, *Programmer le désastre. La politique israélienne à l'œuvre.*

Eyal Weizman, *À travers les murs. L'architecture de la nouvelle guerre urbaine.*

Slavoj Žižek, *Mao. De la pratique et de la contradiction.*

Collectif, *Contre l'arbitraire du pouvoir. 12 propositions.*

Collectif, *Le livre : que faire ?*

Cet ouvrage a été achevé d'imprimer
par l'Imprimerie Floch à Mayenne
en août 2020.
Numéro d'impression : 96669.
Dépôt légal : 3e trimestre 2020.
Imprimé en France.